Flore

Servir

La vocation de l'acteur

Bibliographie

Michel Bouquet :

L'Homme en jeu, rencontres avec André Coutin, Robert Laffont, 1979.

Les Joueurs, entretiens avec Charles Berling, Grasset, 2001.

La Leçon de comédie, entretiens avec Jean-Jacques Vincensini, Klincksieck/Archimbaud, 2010.

Mémoire d'acteur, entretiens avec Fabienne Pascaud, Plon, 2012.

Gabriel Dufay :

Paradoxe sur le comédien, Denis Diderot, *L'acteur et le paradoxe*, précédé d'un entretien avec Denis Podalydès, Les Belles Lettres/Archimbaud, 2012.

Hors jeu, Les Belles Lettres/Archimbaud, 2014.

Michel Bouquet
Gabriel Dufay

Servir

La vocation de l'acteur

Entretiens

KLINCKSIECK / ARCHIMBAUD
2017

95, boulevard Raspail, 75006 Paris.www.lesbelleslettres.com

Archimbaud éditeur

ISBN : 978-2-252-04053-9

Introduction

Rencontres avec un sphinx

J'ai rencontré Michel Bouquet à divers moments de ma vie, d'abord adolescent, en allant le voir jouer au théâtre et au cinéma, puis étudiant, en le rencontrant à l'orée de mon parcours d'acteur, et enfin, plus récemment, pour des entretiens à l'occasion de ce livre. Je n'ai pas eu la chance de l'avoir comme professeur. Je peux néanmoins dire que c'est lui qui m'a enseigné mon métier. Car c'est en le voyant jouer à de nombreuses reprises, en le côtoyant, que j'ai compris ce qui faisait la grandeur et les qualités d'un acteur-interprète, au service d'une langue, d'une vision du monde, d'un personnage, dans un lien profond, infini, avec les auteurs qu'il représente sur scène.

À chacune de nos rencontres, j'ai pu confronter mes pensées et mes doutes à son œil vif, à son esprit tranchant, incisif, et en suis toujours sorti grandi, rasséréné dans mon désir d'acteur et ma passion pour le théâtre. Dans le même temps, j'avais le sentiment qu'il ne me disait pas tout. J'étais presque déçu par ses formules énigmatiques, par ses non-dits. Mais je me rendais compte *a posteriori*, en y repensant, qu'il me confiait des choses entre les lignes, et que la transmission continuait d'opérer, par un autre chemin peut-être, plus mystérieux.

S'il est une chose que Michel Bouquet déteste plus que tout, je pense, c'est bien le manichéisme, et c'est sans doute ce qui m'a permis de toujours me retrouver dans ce qu'il disait. Si l'acteur m'a fasciné, l'être humain, lui, m'a particulièrement impressionné et intimidé, même si sa bienveillance à mon égard a été sans faille. Je sais aussi que toutes ces rencontres, réelles et fictives (toute rencontre ne possède-t-elle pas sa part de fiction ?), m'ont fait avancer dans mon art et ma réflexion sur le théâtre. Michel Bouquet m'a enseigné comment travailler, par des lectures et des relectures perpétuelles de l'œuvre, un lien de tous les instants avec les grands textes, un travail sans découragement qui nous récompense à un moment donné et qui permet de redonner du sens au réel qui nous entoure.

J'ai tenté de coucher sur le papier nos conversations, en conservant les contradictions, les hésitations, les questionnements qui habitent cet acteur, alors même qu'il atteint un âge où il pourrait très bien être enfermé dans ses certitudes. Ce travail ne fut pas sans frustration, car si j'espère que l'on retrouvera sa pensée dans les pages qui vont suivre, il manque, pour moi, sa voix donnant des inflexions et des nuances inattendues à tout ce qu'il dit, sa voix métallique et ensorceleuse. Je l'ai encore dans l'oreille répondant à mes demandes de rendez-vous au téléphone : « Vous voulez me voir ? 17 heures demain, aux Abbesses. » Une voix de commandeur. Certes pas un commandeur solennel, mais un commandeur rieur, malicieux et ironique, ne se prenant pas au sérieux, sachant bien que le théâtre a tout à voir avec l'enfance. Je recommanderais aux lecteurs de chercher à écouter cette voix qui perce à travers les mots retranscrits, tout au long de ces pages, de prêter attention à ses accents, à ce qu'il cherche à exprimer derrière les mots qu'il emploie.

Lui parlant de ce projet de livre, je n'oublie pas ce qu'il m'a dit lors de notre première rencontre, de manière définitive : « Tout ça c'est du rabâchage. J'ai déjà tout dit… Et puis, je me vois décliner de jour en jour. Je ne suis plus que l'ombre de moi-même. » Bien sûr, ce n'était pas vrai, mais ces mots témoignaient d'une réelle humilité, sans affectation, une volonté ombrageuse de rester discret, de se terrer dans le silence de la vérité, ou en tout cas sa vérité.

Jamais pourtant il ne m'a semblé avoir en face de moi un vieillard radotant ou un roi déchu. C'est au contraire un sphinx qui me faisait face. Un sphinx avec ses paradoxes, disant souvent l'inverse de ce qu'il avait pu dire ou penser le jour précédent. Car Michel Bouquet est dans la vérité du moment présent ; il procède par intuitions, tout en sachant que certaines d'entre elles ne tiennent pas forcément la route. Ayant conscience de se tromper parfois, et c'est ce qui rend cet homme si touchant, si surprenant. Il a été et est toujours pour moi un cerveau en action, un cerveau bouillonnant. Acteur intelligent, et non cérébral, comme d'aucuns ont voulu le réduire. J'ai toujours eu plaisir à le retrouver et à échanger avec lui, à écouter ses fulgurances dans la conversation, dans son analyse si peu conventionnelle des rôles du répertoire, des pièces de Molière ou de Shakespeare. Il est sans doute un des acteurs ayant le plus réfléchi sur son métier et en incarnant tout son mystère.

Il existe d'ailleurs pour moi un « mystère Bouquet », même dans son jeu, si limpide soit-il, tout un écheveau de secrets qu'il aime à entretenir. Une ambiguïté souveraine, ou simplement une conscience de la complexité de l'être humain. Ce mystère qu'il recouvre, j'ai pu l'éprouver au fil des entretiens que j'ai eus avec lui, en ayant l'impression d'être dans un film qui n'aura vu le jour que dans ma tête, un curieux jeu de rôles, une pièce de théâtre vécue sur le moment. Comme si nous étions tous deux devenus les protagonistes d'une adaptation du livre de Hanif Kureishi, *Le Dernier Mot*, dans lequel un jeune auteur admiratif rencontre Mamoon, mythe de la littérature, parfaitement ambivalent, dans le but d'écrire un livre sur lui. Bouquet dans la peau de l'humble orgueilleux, du vieil écrivain manipulateur Mamoon, d'une intelligence redoutable, et moi dans la peau de l'intervieweur timide, tâchant de ne pas se laisser impressionner. Un jeu du chat et de la souris dans lequel Bouquet ne se fit jamais attraper. Jusqu'au bout, il aura eu le dernier mot. Certaines de ses saillies, de ses formules les plus étonnantes, les plus cinglantes, me restent encore dans l'oreille : « Il ne faut pas qu'un acteur se mêle de politique. » « Moi j'ai eu deux maîtres : Dullin et Jouvet. Ces acteurs qui sont leurs propres maîtres, il n'y a rien de plus dangereux… », « Le problème de cet acteur, c'est qu'il joue en dormant. Il dort. Mais ça c'est l'âge, il faut savoir s'arrêter à ce moment-là. » – « L'acteur n'est pas Rimbaud. » – « L'époque est à l'histrionisme. » – « Vous allez être seul, mais c'est très bien, il faut être seul dans ce métier. » – « Je suis un acteur. Je suis les rôles que je joue. Je n'existe pas. »…

Il y a également un mystère profond de sa méfiance des metteurs en scène, méfiance étrange et presque irrationnelle. J'ai pu regretter plus jeune, de ne pas l'avoir vu jouer avec des metteurs en scène importants, rêvant à un alliage de talents inédit. L'explication réside peut-être dans le fait que Michel Bouquet est un solitaire et qu'il supporte mal qu'il y ait des intermédiaires entre lui et les auteurs qu'il joue. Il peut même se montrer impitoyable avec ceux qu'il ne juge pas à la hauteur ou ceux qui veulent le diriger. *A contrario*, il faut l'entendre parler avec chaleur des êtres qu'il admire et aime profondément, car ce Mythe a ses propres mythes : les auteurs bien sûr, Eugène Ionesco, Molière, Thomas Bernhard, August Strindberg ou Jean Anouilh, mais aussi certains réalisateurs comme Jean Grémillon, certains metteurs en scène comme Ottomar Krejca, ou certains acteurs comme Gérard Philipe, Charles Dullin et Madame Segond-Weber, ses souvenirs étant toujours extraordinairement précis et détaillés. J'ai eu la surprise de voir Bouquet les larmes aux yeux, à l'évocation de ces êtres-là. Brusquement ému. Surpris lui-même.

Il faut l'entendre également se souvenir de ses anciens élèves du Conservatoire, dont beaucoup ont tracé leur chemin depuis, avec une tendresse non feinte. L'entendre réciter de tête, avec une diction parfaite, le premier acte de

Britannicus, le début de *La Mort de Pompée* – deux pièces qu'il n'a pourtant pas jouées –, ou des vers de Henri Michaux ou de Jules Supervielle. L'entendre enfin se souvenir si précisément du moment où il est devenu acteur, pour se rendre compte de tout ce qui fait Michel Bouquet, sa curiosité, sa bienveillance et sa générosité.

Il fait montre, tout au long de ces entretiens, d'une lucidité acérée sur l'âme humaine et le déclin culturel et moral de notre monde, de notre société. S'approchant de la mort sans coup férir, s'y préparant en toute quiétude et se rapprochant de plus en plus du passé, des auteurs, du théâtre comme seul refuge. Son bâton de pèlerin à la main, Bouquet m'est apparu tout d'un coup comme le narrateur de la *Recherche du temps perdu* de Proust, se rendant compte *a posteriori* que *les vrais paradis sont les paradis qu'on a perdus*. Non qu'il soit passéiste, mais simplement porteur d'une splendeur passée, d'un idéal humaniste qu'il a pu voir de ses yeux, prenant conscience du siècle qu'il a traversé et du temps qu'il retrouve à la fin de son voyage, voyant briller l'étoile qu'il a suivie depuis le commencement.

Ce serait cela, *la vocation*, ce mot qui n'est plus tellement à la mode et dont m'a parlé Michel Bouquet avec insistance : une étoile qui protégerait tous les rêveurs, tous ceux qui savent ce qu'ils veulent et sont intimement persuadés qu'ils ne sont pas là pour de mauvaises raisons. Ce grand acteur apparaît comme un homme d'un autre temps, un ascète rigoriste animé par une foi profane et existentielle, se mettant toujours derrière les auteurs qu'il vénère comme des idoles, le théâtre étant sa seule et unique religion. En effet, la question qu'il pose me paraît être celle-ci : comment vivre sans croire ? ou bien même, plus profondément : comment vivre sans croire au théâtre ?

Je ne peux pas ne pas évoquer ici l'intensité d'une des dernières fois que je l'ai vu jouer sur scène – dans *Le Roi se meurt*. Il se livrait, me semblait-il, avec une grâce enfantine, à une sorte de lutte avec la mort, de combat de l'ange. J'eus l'impression qu'il transcendait la mort et possédait en lui la force lui permettant de triompher dans ce combat, par essence désespéré. Il donnait corps à ce rêve du théâtre qui serait plus fort que la mort : le Roi mourait en effet, mais ne cessait de se relever. Cette mort redoutée et célébrée dans la pièce devenait un moment d'accomplissement troublant, presque un événement joyeux. Comme s'il avait traversé le miroir. Comme s'il était redevenu un tout petit enfant, souriant et apeuré. Tel un funambule qui risque sa vie à chacune de ses interprétations, qui ne sait pas ce qui va se passer, Bouquet faisait vivre l'instant. Comme certains danseurs du théâtre nô qui vieillissent avec leur art, Bouquet avait épuré son geste, et son jeu était devenu extrêmement net et dans le même temps extrêmement opaque. Comment oublier le vertige de ses silences, la lumière de ses sourires, l'acuité de ses regards ?

Le mystère Bouquet reste entier. Mystère de sa présence, mystère de son charisme, mystère de sa simplicité. Ou peut-être est-ce simplement la somme des années de travail qui ont fait la densité, la pureté de son jeu et donné à sa présence d'acteur une intensité à nulle autre pareille. Comme les bons vins, les grands acteurs se bonifient, s'accomplissent avec le temps, idée diderotiste par excellence. « *Je voudrais recommencer* », dit le roi Bérenger. En voyant Michel Bouquet sur scène, on a tout le temps envie de recommencer. De remettre son ouvrage sur le métier, comme lui l'a constamment fait, pour progresser, approfondir, aller plus loin dans la connaissance de l'être humain et du monde, gagner en intelligence, avec humilité et exigence. Bouquet, comédien laïc et mystique à la fois, empli de la philosophie du Cartel, sphinx qui guide à l'intérieur du temple de l'art dramatique, nous montre la voie et se fait le chantre de la vocation.

Je n'ai pu me défaire, au cours de nos rencontres, du sentiment d'une transmission, d'une passation à laquelle il souhaitait se livrer avec moi. Dans le pur présent. En effet, Michel Bouquet, même s'il se tient à l'écart, même s'il prétend vivre dans le passé, étranger à toute nouvelle technologie, dans sa bulle, a toujours été cependant, un redoutable observateur de la société. Acteur au présent, acteur du présent. Pour lui, le monde dans lequel nous vivons est « un bateau qui sombre ». Même si les événements récents de ce début de XXIe siècle nous empêchent d'être optimistes, je ne puis, complètement, lui donner raison. Et ce livre, s'il est un témoignage d'une humanité, d'une culture, d'une éthique d'un autre temps, a été écrit aussi dans ce but : pour que la transmission ne cesse pas complètement. Pour que les épiphanies du théâtre, art profond et ancestral, continuent d'advenir et de se disséminer chez tous ceux qui seront demain les vigies de l'art de l'interprétation, veillant à préserver les secrets des rôles et des textes, l'essence de ce métier si cher à Michel Bouquet, qui en témoigne ici avec sa passion coutumière.

Puisse cette passion se transmettre aux lecteurs, donner un peu de sens à notre époque en mal de repères, et puisse la voix de Michel Bouquet résonner encore un peu davantage pour tant d'apprentis comédiens, aider certains à accoucher d'eux-mêmes et à découvrir le sens de ce mot-talisman : *vocation*.

Gabriel DUFAY

Dessin de Jean-Paul Chambas.

Septembre 2014

1

Le théâtre et notre époque

GABRIEL DUFAY — Michel Bouquet, vous êtes né en 1925, vous avez traversé le XXe siècle pour parvenir jusqu'à notre XXIe siècle si incertain. Vous avez connu la Seconde Guerre mondiale, la guerre d'Algérie, travaillé avec Albert Camus, Jean Anouilh, Eugène Ionesco, Jean Vilar, Jean-Louis Barrault, été au Conservatoire avec Gérard Philipe, suivi les cours de Beatrix Dussane... Toutes choses qui sont comme surnaturelles quand on y pense, tant ces temps peuvent nous paraître lointains.

Nous sommes en 2014 et je vous sais fin observateur de l'époque, vous intéressant toujours de près à la société dans laquelle vous vivez, vous en nourrissant même pour vos interprétations. Que vous reste-t-il de tout cela et que pensez-vous de notre époque, de notre société contemporaine dont vous avez suivi toutes les évolutions ?

MICHEL BOUQUET — Je ne suis pas du tout intéressé par ce qui est le présent, et encore moins par ce qui est l'avenir.

Je me sens de plus en plus chez moi, dans ma famille, quand je dialogue avec les auteurs du passé, avec les grands hommes que j'ai connus et qui ne sont plus de ce monde. Il me semble qu'il n'y a plus que la fiction qui tienne le coup aujourd'hui. Cela étant dit, je crois que je suis un esprit très peu intéressant pour cette époque. C'est ce qui est dans le passé qui m'intéresse, de plus en plus. Je m'y raccroche, comme à une bouée de sauvetage. Je me dis que la vérité est derrière moi, pas devant moi. Je crains beaucoup ce qui va arriver, ce qui va nous, ou plutôt, vous tomber dessus. À mon âge, c'est complètement ridicule de craindre quelque chose, j'en suis conscient… Mais comme je ressens cela, je suis obligé de le dire. Vous comprenez ?

G.D. — Je vous ai déjà entendu dire que cette époque ressemblait étrangement aux premières années de l'occupation que vous aviez connues…

M.B. — Je dirais plutôt que nous vivons dans une époque qui ressemble à une sorte d'avant-guerre. On dirait que ceux qui occupent une place importante dans la société actuelle, vous préparent au pire, à quelque chose qui s'avère de plus en plus terrible, avec une sorte de bonhomie tranquille. Les dirigeants, depuis quelques années, jouent les niais, les incapables, et fomentent des choses terrifiantes. Ils changent complètement tout, font reculer les champs sociaux, et les inégalités s'accroissent de façon épouvantable. En sont-ils conscients ? Ça, je ne sais pas.

G.D. — Retrouvez-vous des échos de vos propos sur notre société dans le théâtre de Ionesco, auteur avec qui vous avez une longue histoire, que vous jouez et reprenez régulièrement ? Dans des pièces comme *Rhinocéros, Macbett* ou *Le Roi se meurt* ? Car il me semble que l'on y retrouve une réflexion sur le pouvoir et ses dérives.

M.B. — Bien sûr. Tout le théâtre de Ionesco est énorme et visionnaire. Notamment en ce qui concerne le pouvoir et la décrépitude. C'est gigantesque ! Je vis en sa compagnie depuis au moins trente ans. Avec Molière, Ionesco est le dramaturge le plus important à mes yeux. Ils sont comme des frères pour moi, des maîtres à penser. Chose curieuse : Ionesco a haï Molière pendant très longtemps, mais par la suite, il a senti qu'il s'en rapprochait, il s'est servi de cette fraternité, mais à sa manière à lui. J'ai parlé quelquefois avec Eugène, quand j'allais le voir chez lui, de cette filiation, de cette fraternité. Après avoir écrit des choses monstrueuses sur Molière, il a dû reconnaître une parenté avec son théâtre…

G.D. — Je m'étonne toujours que certaines pièces remarquables de Ionesco – *La Soif et la Faim, Jeux de massacre, Voyages chez les morts*… – qui peuvent faire penser aux grandes pièces de Molière, ne soient pas montées.

M.B. — Parce que la plupart des gens trouvent ces pièces mauvaises, ne les comprennent pas ou ne font pas l'effort de les comprendre. C'est de la pure paresse intellectuelle ! Alors que Ionesco est un esprit très puissant et tout à fait extraordinaire. Il n'a pas écrit des pièces comme on pourrait s'y attendre, mais des opéras, de grands opéras parlés, et il est essentiel de les monter comme tels. *Ce formidable bordel*, par exemple, quel opéra ! J'ai voulu monter cette pièce dans un grand théâtre privé, mais son directeur n'en a pas voulu, il ne comprenait pas la pièce. Les directeurs de théâtre, les décideurs, ne comprennent rien. Si on prend les pièces de Ionesco comme des opéras, là on comprend tout. Des opéras métaphysiques et drôles à la fois.

G.D. — En même temps, on peut voir chacune des pièces de Ionesco comme des rêves éveillés où l'on flotte entre la vie et la mort, dans des sortes de limbes. Comme *Voyages chez les morts* ou *Le Roi se meurt*, que vous venez tout juste de reprendre une fois encore.

M.B. — Oui, et ces rêves sont très difficiles à jouer. Autre problème : les acteurs ne savent pas jouer ce théâtre, alors les pièces ne parviennent pas au public. Je bûche sur *Le Roi se meurt* depuis trente ans, je reprends cette pièce tout le temps, et à chaque fois, je vois une pièce différente. Les spectateurs m'en font également le témoignage : « J'ai vu six fois *Le Roi se meurt*, et je n'ai jamais vu la même pièce. » Il est important que les spectateurs aient ce genre de révélation.

Je me souviens d'enfants qui avaient vu *Le Malade imaginaire* à la Porte-Saint-Martin et sont venus me voir à la fin de la représentation en me disant, tout éberlués : « Mais… on a tout compris ! » Les enfants avaient vu la même pièce dans un autre théâtre huit jours avant et n'avaient rien compris. Et là, ils étaient ravis, parce qu'ils avaient tout compris ! Ils ont éprouvé le besoin de le dire. Eh bien, c'est cela, le travail de l'acteur : faire comprendre le mieux possible aux spectateurs tout ce que l'auteur a d'unique. C'est le principal souci : rendre clair le travail que l'auteur a fait vis-à-vis de lui-même, travail métaphysique qui fait qu'il rit des choses au lieu d'en pleurer, ou qu'il en pleure au lieu d'en rire. L'acteur a une responsabilité vis-à-vis de ce qu'il y a dans le texte. La plupart du temps, les acteurs pensent à leurs personnages, à se faire voir dans les personnages, mais cela n'a strictement aucun intérêt. Les enfants sont un public significatif : soit ils comprennent tout de suite et se passionnent pour la pièce, soit ils s'ennuient profondément. Dans mon cas, je crois qu'ils avaient saisi le sens de la pièce, ce que voulait dire l'auteur. On essaie de faire ce métier en pensant toujours à cela : faire comprendre à des enfants la signification d'une pièce et de ce qu'a voulu dire l'auteur.

G.D. — Les années passant, comme vous reprenez beaucoup les spectacles que vous avez créés, vous êtes-vous senti avancer dans votre compréhension des pièces que vous jouez ?

M.B. — Oui… et encore, je sais que ce n'est pas du tout au point et que j'ai un travail immense à faire avant de parvenir à jouer comme je le devrais. Je joue en procédant par esquisses, mais je ne joue pas vraiment comme je le voudrais. L'âge me fait reculer dans mes possibilités, forcément… Il faut passer sur son âge, mais c'est très difficile. On ne peut rien contre son âge. Mais on persévère quand même… La peinture m'aide beaucoup. Si je vois une toile du Titien, de Giorgione ou de Pierro della Francesca – j'aime les peintres vénitiens –, je comprends beaucoup de choses. Je comprends le lien entre l'art et la simplicité, je comprends que l'objectif dans toute création est la simplicité. On voudrait accéder à cette simplicité dans le jeu. En revanche, en allant à Venise récemment pour un documentaire qu'a tourné Jean-Pierre Larcher, *La Vénus au miroir*, j'ai été choqué, mais alors choqué, à San Rocco, par une toile de Giorgione sur le Christ, représenté comme un révolutionnaire, avec un esprit politique. Je me suis dit : comment et pourquoi un esprit aussi prodigieux que Giorgione peut-il faire ce tableau ? J'en ai été profondément déçu, d'autant plus que c'est un peintre que j'admire profondément. Amener le Christ à avoir des revendications sociales… Pourquoi cette manifestation d'un esprit politique ?

G.D. — Est-ce une question que vous vous posez également par rapport à la littérature et aux auteurs ? Vous pensez qu'il ne faut pas, dans une bonne pièce de théâtre, investir trop de pensée sociale ou politique ?

M.B. — Ah non, il ne faut pas, bien sûr ! C'est-à-dire que… Je ne sais pas comment dire cela… La vulgarisation n'a rien à voir avec l'art. Je me suis dit, par exemple, dans le cas de Giorgione : pourquoi a-t-il rabaissé son propos et son art à une portée si grossière… Lui qui est la lumière du savoir… Pourquoi a-t-il éprouvé le besoin de faire cela ?

G.D. — Mais si l'on pense à une pièce comme *Le Tartuffe*, est-ce qu'il n'y a pas une portée politique en filigrane ?

M.B. — Pas du tout. Cette pièce n'est pas politique pour un sou. Molière n'est pas bête. Est-il sage ? Je ne sais pas, mais ce qui est sûr, c'est qu'il n'est pas bête. Il est un des auteurs les plus intelligents qui soient. Molière est un humaniste, ça oui, mais ce n'est pas un auteur politique. La plupart des gens ne comprennent pas la position de Molière par rapport à son époque. Il y a un livre de Francine Mallet sur lui (*Molière*) qu'il faut absolument lire. Molière a été élevé entre Condé et Conti, dans la même classe à Clermont. Il avait le point de vue des princes, tout en ayant la volonté d'être près du peuple. Mais il n'a appartenu à aucun dogme, il est passé d'une classe sociale à l'autre pour sa liberté, et cela, c'est très rare. Il n'a pas voulu se faire le porte-parole d'une classe en particulier ou d'une autre. Molière, c'est un esprit absolument libre.

Qu'est-ce que *Le Tartuffe* si l'on y réfléchit ? C'est une pièce qui a été écrite pour faire rire le roi : c'était le contrat de Molière. Pas facile ! Le faire rire, pas l'intéresser psychologiquement, ce qui était encore relativement facile. On peut le flatter avec les histoires de religions qui l'agaçaient beaucoup, oui d'accord, mais ce n'est pas suffisant. *Le Tartuffe* flatte le roi en remettant la religion à sa place. Mais comment le faire rire avec cette pièce ? Je me suis longtemps posé la question. Il y a une clef à trouver pour ouvrir la porte de ce texte. Eh bien, c'est simple comme bonjour : pour faire rire Louis XIV, qui est le fils d'Anne d'Autriche, donc possédant en lui du sang étranger, il faut montrer tous les défauts humains des Français ! Cette race très particulière… Molière s'est donc dit : « Tous les défauts français, je vais les mettre en avant. » Le *Tartuffe* est donc une pièce sur les défauts français, pas du tout une pièce politique ou antireligieuse. Molière nous présente l'almanach des défauts français les plus notoires, qui restent complètement ancrés dans la race et dont on ne peut pas se défaire.

G.D. — Et cela fait rire le roi ?

M.B. — Le problème de Molière était de faire rire le roi avec la religion. Molière savait que le sujet flattait Louis XIV, qui pensait que les ecclésiastiques devaient rester à leur place. En même temps, c'est un travail diplomatique pour le débarrasser d'une querelle avec le clergé qui pourrait dégénérer et s'envenimer énormément. On brise la querelle par le rire. Le degré d'intelligence de Molière, vous vous rendez compte ? Si l'on monte cette pièce, sans tenir compte de cela, eh bien, rien ne tient et on se casse la figure. Le personnage central du *Tartuffe*, c'est Madame Pernelle, qui apparaît au début et à la fin de la pièce, et dit très justement à son fils Orgon : « Eh bien vous voyez, vous avez compris, voyez ce que vous êtes : vous êtes capable de vous mettre sur un prie-dieu, mais vous êtes aussi capable de vous mettre sous la table quand il s'agit de votre argent et du risque qu'un gangster s'en empare ! Vous êtes capable de sacrifier votre femme pour cela ! Vous n'avez de courage que dans la faiblesse. » Il faut pouvoir montrer la pièce dans sa construction réelle.

G.D. — Alors, quels sont les défauts des Français que vous avez évoqués et qui seraient présents dans cette pièce ?

M.B. — Ces défauts sont répertoriés à tout moment dans la pièce, ostentatoirement. Ce sont les défauts de l'effondrement. La tentation de l'effondrement pour soi-disant la justice, alors que les Français sont des égoïstes épouvantables. Tout y passe dans *Le Tartuffe*, tout le caractère français est dans cette pièce ! La bêtise, l'égoïsme, l'envie de procréation, le désastre de la famille complètement démente, et cette hypocrisie suprême : se cacher derrière la religion pour prier, sous couvert de faire le bien, prier Dieu pour accomplir par la suite toutes les usures et malversations possibles. Tout ce qui fait la France… Je suis heureux d'y être né, entendez-moi bien : la France est un cadeau magnifique, offert par la nature, d'une beauté et d'une diversité incomparables. C'est une merveille, la France, mais détruite constamment par l'esprit français – le véritable esprit français – qui consiste à se laisser toujours prendre et se faire avoir par des Tartuffes. C'est une fatalité. Sous cet angle, *Le Tartuffe* devient une tragédie cocasse et sublime. J'ai failli jouer cette pièce avec Fabrice Luchini et je regrette que nous ne l'ayons pas fait.

G.D. — Et le Tartuffe, là-dedans ? Il fait office de révélateur ?

M.B. — Révélateur, oui, c'est le mot. Un médiocre, comme Tartuffe, rentre chez vous, pénètre dans votre maison, et puis c'est fini. Tous les chantages ne sont même pas énoncés, car il les pratique en douceur. Il les pratique de la manière qu'il faut ! Cette pièce constitue un portrait de la France – de la France morale –. Une étude fantastique. C'est à mourir de rire en même temps.

Il faudrait monter *Le Tartuffe* dans ce sens. Quand un metteur en scène monte une pièce, il est de son devoir de donner à voir et entendre son sens profond et transmettre ce sens aux acteurs et aux spectateurs. C'est très important.

2

Le combat de la représentation

G.D. — Vous évoquiez la simplicité dans la peinture, et j'ai l'impression que vous suivez ce chemin dans votre jeu, ces dernières années. J'en ai été frappé, autant dans *Le Roi se meurt* que dans les films *Le Promeneur du Champ-de-Mars*, *Comment j'ai tué mon père*, *Renoir* ou *La Petite Chambre*… Quelque chose dans votre interprétation se recentre, se précise de plus en plus. Comme si vous aviez épuré absolument votre geste, comme si vous étiez parvenu à l'essentiel, à un retour dans le pays de l'enfance…

M.B. — Oui… J'ai pourtant l'impression que je suis de plus en plus déstabilisé, que je me décentre, et cela m'effraie. Même si je sais que c'est le chemin que je dois suivre. Seulement, ce chemin me donne le sentiment de régresser.

G.D. — Que voulez-vous dire exactement ?

M.B. — Eh bien, tout simplement, j'ai l'impression que je suis moins bon acteur qu'avant. Vos mots sur mon jeu me font un plaisir énorme. Cela me rassure. Mais je m'interroge. J'ai l'impression qu'en « simplifiant », en « épurant mon geste », comme vous dites, je régresse. Même si je sais que plus je vais jouer un rôle, plus ça va être simple et clair, et plus je vais me débarrasser de ce que j'en pense. Ce qui est souhaitable.

G.D. — J'ai pu voir *Le Roi se meurt* à de nombreuses reprises, et plus je vous voyais jouer ce rôle, plus j'étais touché par des moments de vide, de « rien », d'extrême simplicité. Mais je vous ai vu pour la première fois au théâtre dans *Minetti* de Thomas Bernhard. J'étais retourné le voir plusieurs fois de suite, car j'étais fasciné. Comme si vous me délivriez, très simplement, les secrets de l'œuvre de Bernhard…

M.B. — Sur ce spectacle, je n'ai jamais pu me dépêtrer de la mémoire. Pour *Avant la retraite* du même Thomas Bernhard, que j'ai joué auparavant, cela allait. Pour *Minetti*, ça a commencé à déraper.

G.D. — Bernhard est un auteur qui a compté pour vous ?

M.B. — Oui il a beaucoup compté. Je l'ai beaucoup lu à une époque. C'est le seul auteur que je voudrais reprendre. Avec la pièce *Avant la retraite* justement.

G.D. — C'est vous qui étiez à l'origine du choix de monter cette pièce ?

M.B. — Oui. Si je n'avais pas voulu jouer la pièce, il n'y aurait pas eu de spectacle. C'est un cadeau que j'ai fait au théâtre de l'Atelier, parmi d'autres. J'ai passé mon temps à faire des choses pour les autres. Je ne le regrette pas du tout. L'art de l'acteur consiste à s'occuper des autres, en l'occurrence des auteurs, plus que de soi-même. Mais quand je vois la structure de l'époque, telle qu'elle se dessine, cela me décourage un peu.

G.D. — Votre désir de jouer les pièces compte donc presque davantage que celui du metteur en scène ?

M.B. — Ah oui, complètement. Pour *Avant la retraite*, surtout. Si je n'avais pas apporté la production par le biais d'Armand Delcampe, le théâtre n'aurait jamais accepté une telle pièce. Le directeur avait si peu confiance qu'il avait programmé un petit nombre de représentations, alors qu'on aurait pu jouer bien davantage. C'est une farce des plus extraordinaires sur un sujet qui est l'horreur même : le nazisme, le passé autrichien qui est comme une gangrène… Bernhard est arrivé à faire éclater les gens de rire avec ça. Si je rejoue une pièce, ce sera *Avant la retraite*. C'est prodigieux ! Trois immenses personnages ! Comme j'ai aimé jouer Rudolf Rach… Il représente pour moi toute l'abjection humaine. La scène des camps de concentration à la fin, quand il feuillette l'album photo pour l'anniversaire de Himmler, entouré de ses deux sœurs, est fantastique, hallucinante ! Ce sont trois connards avec le maître Himmler en photo. « Le champagne à Bruxelles… » Le texte est à mourir de rire, alors que la situation est complètement glaçante ! Cette pièce est toujours d'une actualité terrifiante.

G.D. — C'est drôle, parce que je me dis que, finalement, vous avez joué beaucoup de pièces ayant pour thématique l'occupation et la Seconde Guerre mondiale : *Rhinocéros*, *Pauvre Bitos* ou *Le Dîner de têtes*, *À tort ou à raison*, *Avant la retraite*...

M.B. — Oui, bien sûr. Mais vous savez, toute ma jeunesse a été marquée par l'Occupation, entre quinze et vingt ans, et forcément, cela a resurgi dans les pièces que j'ai jouées. Je suis né en 1925, j'ai commencé à jouer en 1943. J'étais un gosse et j'ai vécu de plein fouet cette époque épouvantable. Cela vous marque à jamais. Je jouais Robespierre chez Aldebert, qui était à l'époque directeur du Trocadéro.

G.D. — Et plus tard, vous vous retrouvez à jouer Bitos jouant Robespierre dans la pièce d'Anouilh. Ce rôle vous a donc poursuivi.

M.B. — Oui, on m'identifiait, et je m'identifiais peut-être à ce personnage... C'est d'ailleurs moi qui ai demandé à Anouilh d'écrire une pièce autour de Robespierre.

Mais je voudrais revenir à ce que vous disiez sur l'époque et l'Histoire qui se répète : le théâtre est précisément là pour nous l'enseigner, pour se faire l'écho d'une vérité possible. Même si le combat d'une représentation n'est jamais gagné. L'acteur a la responsabilité d'engager ce combat pour une vérité qui va changer tout le temps, qui va être mise en échec presque toujours, mais qui va résonner pour le plus de spectateurs possibles, leur apportant le pansement le plus doux possible pour leurs pauvres têtes.

G.D. — Il faut que le spectacle soit en résonance avec l'époque dans laquelle les spectateurs vivent ?

M.B. — Oui. Une résonance qui apporte une consolation, une paix, une raison aussi au spectacle. Le spectacle est quand même fait pour impressionner et permettre au cœur de se délivrer, pour que le spectateur puisse se dire : « Ah, quand même, je ne suis pas tout seul... » Dans toute aventure de spectacle, il doit y avoir cette dimension-là.

G.D. — Qui concerne tout le monde ?

M.B. — Oui, enfin, tous ceux qui veulent bien l'entendre...

G.D. — Vous pensez toujours que le théâtre est un lieu de vérité, un endroit où toutes les vérités doivent être dites ? Votre conception du théâtre est-elle la même qu'il y a des années ?

M.B. — On s'approche, on essaie de s'approcher de la vérité grâce aux grands maîtres qui écrivent. Mais il n'y a pas tellement de grands maîtres, vous savez… Il y a les grands classiques : Molière, Racine, Corneille, Shakespeare… Ça c'est le sommet ! Et puis, il y a les autres : Diderot, Voltaire… Les maîtres du rire : Feydeau, Labiche… Mais leurs œuvres sont déjà nettement en dessous. Je ne crois pas trop à la hauteur de ce que les gens attendent d'une représentation de théâtre comique. Je ne crois pas que le rire – qui fait passer un bon moment – soit véritablement ce que les spectateurs viennent chercher. Ils sont davantage en quête de la souffrance, comme un écho de ce qu'ils vivent tous les jours. Ils veulent trouver une résonance dans un personnage et une situation donnée.

G.D. — Vous voyez le théâtre comme un miroir ?

M.B. — Un miroir qui donne un sens à la vie. Les spectateurs se disent : « Ah, il y a ça ! Ah, eh bien, on n'est pas tout seul. On n'est pas tout seul, avec ses angoisses, avec cette chose terrifiante qu'est une vie humaine. » Quoi de plus terrible que cela ? Eh bien, le théâtre apporte comme un soulagement, un pansement, oui, je crois que ce mot est juste.

G.D. — Il y a une phrase que vous avez dite, restituée dans votre livre *La Leçon de comédie* [1] qui m'avait marqué

1. *La Leçon de comédie*, Michel Bouquet, Entretiens avec Jean-Jacques Vincensini, Éd. Klincksieck / Archimbaud, 2010.

et bouleversé à l'époque où, jeune adolescent, je débutais le théâtre : « Le théâtre est un des endroits les plus extraordinaires qu'ait inventé l'homme pour ne pas sombrer dans le désespoir. » Souscrivez-vous toujours à cette formule ? Considérez-vous encore aujourd'hui le théâtre comme un lieu magique ?

M.B. — Oui, sûrement, c'est même fait pour cela, le théâtre !

J'ai joué *Le Roi se meurt* l'année dernière, en festival, à Sisteron, dans la citadelle sur les hauteurs. Le lendemain de la représentation, je me réveille avec ma femme, Juliette Carré, on sort dehors prendre la voiture pour aller jouer ailleurs, et là, beaucoup de gens attendaient que l'on s'en aille pour nous dire « merci ». Juste « merci ». Je ne vous raconte pas cette histoire par vanité, mais parce que cela veut bien dire que le théâtre a un sens. *Le Roi se meurt* est quand même une pièce sur la mort, c'est une mort annoncée. On se confronte à la chose ; et même si on a dix-sept ans, la chose vous prend à la gorge. C'est une des pièces les plus étonnantes du répertoire, d'où la surprise des gens qui y assistent. La situation – comme on dit au théâtre – l'emporte complètement sur le propos, elle le renverse. Le dialogue est presque inutile. Cela me surprend à chaque fois que je joue cette pièce. La situation est plus forte que la manière dont l'auteur la traite. Ionesco laisse la situation happer tout le monde. C'est phénoménal ! Je dois beaucoup de cette compréhension à Juliette Carré, qui est fantastique dans la reine Marguerite. Elle balaie le texte dès le départ, avec la vitesse de son débit. Tout l'effondrement du début, de ce qui est raconté, semble un vaudeville. Après, la mort apparaît, avec l'entrée du roi. Et l'on ne voit qu'un bêta qui essaie de s'en sortir, mais qui ne s'en sortira évidemment pas.

J'ai pratiqué une coupure de dix pages pour la reprise, au centre même de la pièce. Ce n'est pas bien, mais j'ai senti que c'était nécessaire. J'ai mis très longtemps – beaucoup de représentations – à prendre la décision de cette coupure. J'ai demandé à Marie-France Ionesco, fille d'Eugène et détentrice des droits, qui m'a dit : « Michel, je ne peux pas vous donner mon accord, mais je ne vous l'interdis pas. » C'est évidemment dommage, parce que ces dix pages sont nécessaires quand même, mais avec cette coupure, la pièce reste dans l'action. Une chose me gênait jusqu'à présent, c'est que Ionesco prenait la place du roi dans ses digressions. Cela me gênait, je sentais le public reculer… Alors j'ai préféré couper. Pour aller au nerf de la pièce.

G.D. — La liberté à laquelle vous tenez en tant qu'acteur au théâtre, avez-vous la possibilité de vous y adonner au cinéma, avec un scénariste ou un réalisateur ? Donnez-vous votre avis ? Comme avec Ionesco ? Vous enhardissez-vous à dire : « Cette scène, à mon avis, n'est pas nécessaire… Ce dialogue… »

M.B. — Non. Au cinéma, je ne parle pas. Je ne parle jamais.

G.D. — Vous travaillez en silence, vous vous taisez ?

M.B. — Je me tais. C'est entre l'auteur et moi que se fait le travail, entre la vérité et l'auteur.

G.D. — Avec Jean Grémillon, par exemple, avec qui vous avez tourné ce film magnifique, *Pattes blanches*, vous n'avez pas parlé ?

M.B. — Ah si… Avec Grémillon, j'aurais parlé. Mais il n'y en avait pas besoin. J'étais d'accord sur tout avec lui. J'étais un valet qui aimait son maître, j'étais à ses pieds. Quand il parlait musique, politique, art, histoire… J'ai beaucoup appris de lui. J'avais à peine vingt ans quand on a tourné, j'étais avec Paul Bernard, Jean Grémillon et Fernand Ledoux, qui avaient tous trois une culture phénoménale, une intelligence merveilleuse. Leurs conversations à trois… Je dînais avec eux tous les soirs, je fermais mon bec et j'écoutais. C'était prodigieux… Oh…

Michel Bouquet est très ému, sa voix se brise.

G.D. — Y a-t-il eu beaucoup de metteurs en scène qui ont suscité chez vous une telle émotion ? Aviez-vous le même lien avec un réalisateur comme Claude Chabrol – avec qui vous avez beaucoup tourné ?

M.B. — Non… Avec Chabrol, j'avais le sentiment que je pouvais lui apporter quelque chose mais certainement pas que je pouvais lui prendre quelque chose. D'ailleurs il était un peu gêné par moi. Au bout d'un moment, il m'a bousculé. Il m'évitait, il ne me parlait plus. J'ai eu souvent ça dans ma vie…

G.D. — Et au théâtre, vous avez souvent eu ce genre de conflit, de désaccord ?

M.B. — Je ne peux pas supporter un metteur en scène qui a une opinion différente de la mienne, qui voudrait faire quelque chose avec la pièce que je ne sentirais pas. Personne ne me forcera à faire ce que je n'ai pas envie de faire.

G.D. — Par exemple, avec Jean-Louis Barrault, comment cela se passait ?

M.B. — Très mal. Barrault me jalousait affreusement. J'étais très ami avec Jean-Pierre Grandval, le fils de Madeleine Renaud. On était souvent fourrés ensemble au Conservatoire et Madeleine en était contente. Elle a demandé à Barrault de m'engager pour la tournée de *Rhinocéros* et s'en est mordu les doigts par la suite. J'en ai bavé dans cette tournée, comme jamais dans ma vie j'en ai bavé au théâtre. Les gens fuyaient complètement la pièce. On commençait avec des salles combles, et à la fin il n'y avait plus que trente personnes dans la salle… Tous les spectateurs foutaient le camp !

G.D. — Et avec Jean Vilar ?

M.B. — J'ai eu les mêmes problèmes, et peut-être décuplés. Et pourtant, j'ai une grande admiration pour Vilar et pour Barrault. Simplement, ce n'est pas du tout facile d'être comme je suis. Et pourquoi cela ?

Je ne peux pas répondre à cette question…

3

L'indépendance de l'acteur

G.D. — J'ai l'impression que, pour vous, les deux qualités les plus essentielles d'un acteur sont : la curiosité, que vous avez toujours eue tout au long de votre carrière, et l'autonomie – ou l'indépendance de caractère. Car vous avez un caractère très fort, et c'est peut-être pourquoi la collaboration a pu être compliquée avec certains metteurs en scène que vous avez pu m'évoquer…

M.B. — Je suis quelqu'un de difficile. J'ai toujours pensé que le point de vue de l'acteur doit primer. L'acteur doit être plus fort que la mise en scène. J'ai le courage d'entrer en scène parce que je défends ma conception du rôle. Sinon, je n'aurais pas ce courage-là. Pour moi, le metteur en scène n'a pas à se mêler de ce que je ressens et de ce que je pense. L'acteur doit être son propre gouverneur. S'il entre en scène, c'est pour incarner un *acte* – je préfère d'ailleurs l'appellation d'acteur à celle de comédien –, être tout entier dans l'action de jouer, avec les risques et les périls que cela comporte. Il se met en mouvement avec la pensée d'un autre, en essayant de la préserver, au plus près de son authenticité, et se doit de transmettre la vérité de l'auteur telle qu'il la prend en compte, la ressent et la défend. En fait, je crois que le plus grand metteur en scène, c'est l'auteur. Alors bien sûr, il faut quelqu'un pour régir, ordonner les scènes, mais ce n'est pas plus que cela. Pour moi, trop de metteurs en scène débordent de leur rôle et se mêlent de ce qui ne les regarde pas.

G.D. — Cette indépendance que vous prônez, qui peut faire peur à bien des metteurs en scène, vous l'aviez dès le début de votre carrière ?

M.B. — Ah oui, dès le début, j'étais même un peu plus catégorique que maintenant. Quand j'étais jeune, j'étais terrible. Il ne fallait pas me marcher sur les pieds à cette époque. J'étais comme un combattant, orgueilleux et intolérant sur les bords. Je ne permettais pas, je ne tolérais pas qu'on n'ait pas l'opinion que j'avais sur l'auteur, qu'on l'abîme. Un défaut de jeunesse sans doute… Cela m'a joué des tours et c'est vrai qu'à cause de ce défaut, certaines personnes qui me soutenaient au départ m'ont rejeté dans le fossé par la suite…

G.D. — Je ne peux m'empêcher de regretter que vous n'ayez pas travaillé avec de grands directeurs d'acteurs comme Alain Françon, Jean-Pierre Vincent ou Patrice Chéreau. Cela aurait pu provoquer des étincelles sur scène. Pourtant vous avez quand même travaillé avec des metteurs en scène d'une trempe exceptionnelle, comme Ottomar Krejca avec qui vous avez fait *En attendant Godot*...

M.B. — Alors là, c'était le bonheur... Comme avec Jean Grémillon... Le rêve, un luxe inouï...

G.D. — Dans ce cas, il n'y a pas besoin de se parler, c'est cela ?

M.B. — Exactement.

G.D. — Vous n'avez jamais eu envie de retrouver ce metteur en scène par la suite ?

M.B. — Non, parce qu'on avait fait notre travail ensemble... On était allés au bout de ce qu'on pouvait faire. Donc, pourquoi recommencer ?

G.D. — Que signifie ce silence entre acteur et metteur en scène ? Vous aviez parlé avant les répétitions ?

M.B. — Non, pas tellement. De toute façon, je suis d'avis qu'il ne faut pas trop parler, ça ne sert à rien. La genèse d'*En attendant Godot* est très curieuse. Armand Delcampe avait fait la distribution du spectacle, car Krejca ne connaissait pas les acteurs français. Delcampe l'a donc orienté vers nous : Georges Wilson, Rufus, José-Maria Flotats et moi. Krejca avait un mois pour monter le spectacle, ce qui est très peu. Il est arrivé sans nous connaître, sans nous avoir vus jouer. Il n'avait donc aucun *a priori* sur nous. Nous avons fait des lectures devant lui, il corrigeait certaines choses, mais enfin, il laissait plutôt faire, il nous parlait de l'actualité, de l'histoire, de la politique… Nous avons continué ces lectures pendant trois semaines et nous nous sommes rendus compte qu'il ne restait plus qu'une semaine avant la première à la Cour d'Honneur du palais des Papes. Nous nous sommes réunis entre acteurs, puis nous lui avons dit : « Ce n'est pas possible, il nous reste huit jours, on ne peut pas jouer dans la Cour d'Honneur, on n'est pas prêts, il n'y a pas de spectacle… » « Ah vous voulez des places ? » a-t-il dit calmement « Eh bien voilà, c'est simple, Rufus et Wilson, vous descendez comme ça, vous vous mettez là. Bouquet tourne autour, et vous vous agitez… Et puis, durant toute la seconde partie, vous êtes accrochés au sol, comme des insectes qui essaient de se relever et qui n'y parviennent pas… » On l'a fait, et c'était ça !

G.D. — Krejca avait donc une intuition formidable dans sa direction ?

M.B. — C'était un maître.

G.D. — Un homme de culture aussi ?

M.B. — Magnifique culture ! Et après, c'était fantastique, parce que nous étions libérés. Nous avions fait tout le travail d'attente… en se disant : « On ne va pas pouvoir jouer ! ». C'était ce qu'il fallait pour attendre Godot et atteindre la puissance de la prophétie de Beckett. Ce sont les maîtres qui osent de pareilles choses.

G.D. — Vous avez dû avoir très peur…

M.B. — Très. Huit jours avant, on tremblait.

G.D. — Aurait-il dû donner sa méthode au début des répétitions ?

M.B. — Au contraire, il fallait cacher cette méthode. Et les maîtres savent agir comme cela. La psychologie ne sert à rien au théâtre. Qu'est-ce que cela veut dire, la psychologie ?

G.D. — Vous dites cela, et en même temps, vous êtes un acteur cérébral, qui avez réfléchi comme personne sur l'art de l'interprétation, le théâtre, les auteurs, les pièces, l'évolution des personnages, et donc, les relations psychologiques…

M.B. — Eh bien, je travaille, oui. C'est-à-dire que l'acteur ne peut pas tout comprendre, mais il doit comprendre le sens de la pièce, de ce qu'il fait. Il fait sa cuisine, seul avec l'auteur. Il y a un révélateur, qui est le metteur en scène, qui peut être le metteur en scène quand il s'agit d'un maître. Comme Krejca. Rendez-vous compte, c'était terrorisant de nous faire attendre comme cela : nous n'avions que quatre semaines, et il prenait trois semaines à faire des lectures, à prendre des notes et à nous les lire. Notes qui nous évoquaient tout autre chose – Pompidou à Reykjavik… – qui semblaient avoir de lointaines résonances avec la pièce. Notes qui, en fait, étaient très importantes et nous mettaient, l'air de rien, sur la voie.

Mais la révélation du spectacle, c'est-à-dire la manière dont cela allait se passer, il n'en parlait pas. Il ne nous en a parlé que les derniers jours, en disant : « Ah, vous voulez des places ? Eh bien voilà… » Et il avait raison. C'était exactement cela. C'est là où le metteur en scène peut être puissant : pas dans les détails, mais dans la révélation de ce que sera le spectacle. En accord avec l'auteur, comme nous, acteurs, travaillons pour parvenir à trouver le personnage.

G.D. — J'ai toujours eu l'impression, en vous voyant sur scène, que vous jouiez davantage la pièce et l'auteur, que le personnage lui-même… C'est peut-être là d'où vient votre répulsion pour la psychologie et votre volonté de ne jamais se centrer sur une interprétation unilatérale du personnage…

M.B. — En effet, je change mon approche tous les soirs, je ne joue jamais pareil. Je suis en compagnie de l'auteur. C'est mon seul maître. Il faut toujours laisser l'auteur jouer sa partie, il ne faut pas prendre le pas sur lui. Quant au personnage, eh bien, je n'ai pas d'opinion sur lui, je me laisse faire. Tous les jours, j'essaie de le voir. Je change d'avis souvent. Je prends parfois des risques énormes, je suis un peu le seul dans les troupes à pratiquer ce genre de sport qui consiste à rentrer sur scène sans savoir. Sport très difficile à pratiquer. Mais j'aime être surpris par les premières répliques dès que le rideau se lève, le moins possible appliqué à refaire quelque chose que je connaîtrais déjà. Ma femme, Juliette Carré, au contraire, a sa ligne ; il ne faut pas la faire dériver. Et elle se trompe rarement, très rarement.

G.D. — Est-elle aussi autonome que vous ?

M.B. — Oui, et je me dis à chaque fois qu'elle a raison. Elle a un instinct fantastique. C'est une très grande actrice. Du moins, c'est ce que je trouve, mais je suis peut-être de parti pris. Pour moi, elle est indiscutable. C'est une femme et une actrice qui a une intelligence de la réalité. Ce que je n'ai pas du tout. J'ai une intelligence beaucoup plus volatile. Je me contredis énormément.

G.D. — Le danger, quand on entre sans savoir, comme un funambule, c'est de s'approcher de très près du trou, comme ce trou que vous avez eu lors d'une des représentations de « Godot ».

M.B. — J'ai toujours été comme ça, mais il est vrai que dans le passé, j'avais des lignes plus précises, psychologiques justement, lignes auxquelles je me raccrochais, un cadre plus rigide dans mon jeu, qui me rétrécissait. Je sentais que je disais trop ce que je pensais, ce qui nuisait au rôle. Je ne me mettais pas derrière lui. Le rôle est plus fort que moi, la situation est plus forte que le dialogue, qui est une traîtrise, la plupart du temps. Même chez les plus grands, comme Bernhard, Pinter ou Beckett. C'est la situation qui dit tout. C'est comme la création. On n'est pas maître de la création, on n'est pas maître des vents, des moments de l'histoire, des accidents de la bêtise qui surgissent de manière épouvantable. Et la bêtise, tout d'un coup, fait son travail. La situation est quelque chose d'énorme ; c'est notre maître principal au théâtre. Il faut l'étudier scrupuleusement, être à l'écoute de ce qu'elle nous dit. Les pièces qui n'ont pas de situation, ce n'est pas la peine de les jouer !

G.D. — Entrer sans savoir ce qui va se passer vous permet d'être au présent aussi de la rencontre avec le public, j'imagine.

M.B. — Oui, ce sont comme des ruses. Des ruses innocentes, non pour obtenir un résultat, mais plutôt pour parvenir à un état de réception possible de quelque chose de grand, qui viendra par accident, et qui disparaîtra, par accident aussi. Il est bon pour l'acteur d'attendre ce moment où il sera pris par quelque chose qu'il ne connaît pas, qui est tout à fait nouveau. J'espère parvenir à être surpris tous les jours. C'est ce qu'il y a de plus beau pour un acteur : quand ça lui tombe dessus…

G.D. — Les moments de présent absolu, comme des vertiges…

M.B. — Oui, c'est exactement cela.

4

L'esclavage du talent

G.D. — Depuis très longtemps, je suis sensible aux voix des acteurs. Vous avez une voix très particulière, et c'est d'ailleurs en vous écoutant dire des textes à la radio ou par le biais de livres audio que je vous ai découvert. Je me souviens de poèmes de Victor Hugo que vous lisiez de manière extraordinaire, de votre interprétation du *Tartuffe*, également. J'ai été immédiatement captivé, impressionné par votre voix, métallique, tranchante, profonde, que vous savez moduler à merveille. Quelle est l'importance de la voix pour vous ?

M.B. — Oh, je n'y pense pas. Ma voix m'a été donnée. C'est un de mes atouts, oui, sûrement, les spectateurs m'en parlent… Elle est faite de moi, mais je n'ai pas à y penser.

G.D. — Elle s'est forgée aussi avec le temps, avec le travail, sans doute…

M.B. — Sûrement, oui…

G.D. — Est-ce que vous la travaillez ? Dans le film *Toto le héros*, par exemple, vous avez une voix beaucoup plus douce, plus feutrée, que d'habitude…

M.B. — Je n'y pense pas, je vous dis. La voix dépend aussi du personnage et de l'auteur que l'on interprète. Il s'agit de garder, pour soi-même, la surprise de la voix. Je crois qu'il est très important de ne pas trop y penser.

G.D. — Sans doute aussi parce qu'il n'y a rien de pire que les acteurs qui font de la voix. Et pourtant, nombreux sont les spectateurs qui vont s'extasier sur la voix d'un acteur. « Ah, quelle voix vous avez ! » On ne sait pas bien quoi leur répondre.

M.B. — De toute façon, je vais vous dire une chose : les gens, que ce soit les critiques ou le public, s'extasient facilement sur les qualités des comédiens, mais des acteurs, des vrais acteurs, il n'y en a pas beaucoup. Cela paraît très prétentieux, ce que je dis là, mais ça ne l'est pas du tout. C'est un esclavage d'avoir du talent, un esclavage, ce n'est pas une rigolade ! Et puis on ne sait même pas si l'on en a, du talent. Les gens vous le disent, alors on finit par y croire un peu. Mais on ne sait pas, on ne sait pas… Et d'ailleurs, moins on sait qu'on a du talent, plus on prend des risques avant d'entrer sur scène, et plus beau ce sera. Donc le fait d'être sûr n'est pas valable. Être sûr, c'est être foutu ! Le spectacle est une représentation de la personne humaine qui se montre, dans toute sa fragilité.

G.D. — Ce que vous dites me touche, car on croise tant d'acteurs qui apparaissent comme exagérément confiants, sûrs d'eux… J'ai l'impression que chez vous le doute est beaucoup plus fécond…

M.B. — Le doute nous habite complètement, cohabitant avec les convictions que l'on peut avoir. Mais il est toujours nécessairement plus fort. Parce que la grâce que l'on recherche, que l'on attend, peut ne pas venir. Souvent, étant jeune, j'ai joué des pièces très longtemps, des pièces de Camus et d'Anouilh avec 300, 400, 600 ou 700 représentations à la clef ! À ce moment-là, il faut refaire le rôle en entier au moins trois ou quatre fois, parce qu'il est usé. C'est très difficile de refaire un rôle en le jouant, très difficile, parce que, tout à coup, on ne sait plus un mot du texte.

G.D. — Quand vous dites que le rôle est « usé », comme un vêtement que l'on a trop mis, c'est par rapport à votre imaginaire, à une habitude qui s'est glissée en vous ?

M.B. — Usé parce que je suis trop au courant et que je n'ai plus la spontanéité nécessaire pour aborder le rôle. Si je suis trop conscient de ce que je fais, ce n'est plus la peine de jouer, le spectateur n'a plus rien à se mettre sous la dent…

G.D. — Le jeu devient purement mécanique au fil des représentations… Il s'agit de retrouver une certaine forme de fragilité, c'est ce que vous voulez dire ?

M.B. — Bien sûr. Et c'est là qu'il faut refaire la psychologie du rôle, le retravailler. Il y a quelque chose que l'on a oublié et qui est essentiel, qui nous redevient lumineux quand on le réapprend, parce qu'il y a des moments où l'on ne sait plus le texte, où l'on n'a plus la même innocence devant lui. C'est usé ! Comme les relations humaines, en fait, qui se mettent à s'user. Un être vous paraît miraculeux et puis, un beau jour, il ne l'est plus à vos yeux. Il y a autre chose et il faut trouver cet « autre chose » qui fait qu'il redevient tout neuf. C'est très difficile. Eh bien, c'est la même chose avec les rôles.

G.D. — Comme la vie qui est d'une grande fragilité…

M.B. — Bien entendu, mais la vie est fatale, donc ce n'est pas la peine de s'y attarder ou d'en parler plus avant. Je me suis heurté à ce problème avec le personnage de Charles VII dans *L'Alouette* de Jean Anouilh, que nous avons jouée mille fois. Le travail qu'il m'a fallu accomplir ! Je jouais très peu de choses dedans, c'était un rôle très court, mais très important. À l'entrée du rôle, quand Jeanne – jouée par Suzanne Flon – venait à mes pieds, je disais : « Qu'est-ce que vous voulez, Mademoiselle ? ». Eh bien, ce « Qu'est-ce que vous voulez, Mademoiselle ? », je ne le savais plus, j'ai été obligé de le réapprendre des tonnes de fois. Parce que la situation était plus forte. Ce « Qu'est-ce que vous voulez, Mademoiselle ? » me paraissait tellement petit, et néanmoins exact. Cela me coûtait de dire cette réplique, que j'ai dû réapprendre. Parce que c'était usé. Je n'avais que cette réplique qui était toujours la même, et il fallait réapprendre son importance. C'est un travail inouï, mais cela forme le caractère, le caractère d'un acteur. Quand on joue mille fois et que l'on doit refaire ce travail trois à quatre fois sur le moindre mot, eh bien, on apprend son métier.

Entrer en scène, c'est risquer de tomber, de ne plus savoir, chercher constamment la surprise, ne surtout pas donner le sentiment de la leçon apprise. On est tout le temps pris au piège avec un rôle, une fois qu'on l'a créé un soir. On ne peut pas refaire ce qu'on a fait la veille. Il faut donc travailler, chercher un autre chemin, aller de plus en plus en profondeur vers la connaissance du rôle tel qu'il vous parle quand on le joue. Parce que le rôle vous parle. Quand il s'arrête de parler, on est dans le désert. On lui demande secours, et il vient vous aider. Je crois profondément qu'un rôle n'a pas de limites, il a toutes les forces possibles et imaginables. L'acteur est pris en traître constamment par le temps qui passe, il est exemplaire quand il vit avec le rôle.

G.D. — Et pourtant, nombre d'acteurs ne font pas cet effort et se contentent du seul travail des répétitions. Ils automatisent pour ainsi dire leurs rôles.

M.B. — Oui enfin… N'en parlons pas. Ce ne sont pas des acteurs à ce moment-là.

Vivre comme un véritable acteur, c'est travailler de la seconde où on se lève jusqu'au moment où on s'endort, entièrement envoûté, traversé par ce métier. Toute l'aventure de l'acteur vient de la fréquentation qu'il a des auteurs. C'est cela qui est le plus important. L'acteur en tant que personne est complètement inintéressant, sauf dans son attachement à une pensée plus haute, plus essentielle, qui est sacrée pour lui. C'est-à-dire que rien de lui ne doit transparaître sur scène, sauf l'idée qu'il se fait de la personnalité de l'auteur qu'il interprète.

5

Eugène Ionesco
Un morceau de zan avec une petite boule rouge

G.D. — Vous avez pu travailler au début de votre carrière avec certains auteurs qui étaient également metteurs en scène, comme Anouilh et Camus… Plus tard, vous avez pu connaître les auteurs des pièces que vous jouiez (Eugène Ionesco, Harold Pinter, Ronald Harwood…). Cela a-t-il un intérêt supplémentaire de rencontrer les auteurs ?

M.B. — Ah, je trouve que c'est mieux d'avoir l'auteur lors des répétitions, de pouvoir le rencontrer, lui parler. Quand il est vivant bien entendu ! À chaque fois que j'ai pu côtoyer les auteurs, j'en suis sorti enrichi. Le fait d'avoir pris des cuites avec Ionesco, par exemple, d'avoir pu le fréquenter, a été très important pour le comprendre, lui, comprendre son œuvre.

G.D. — Comment avez-vous connu Ionesco, et qu'est-ce qui vous a fait vous attacher autant à lui ?

M.B. — J'avais fait au début des années soixante la reprise du *Rhinocéros* avec Jean-Louis Barrault. J'y jouais déjà le rôle de Bérenger. Mais *Rhinocéros* est une des pièces les moins bonnes de Ionesco, je trouve. Ionesco a voulu désacraliser l'horreur que représente le nazisme, mais l'horreur nazie a été plus forte que lui, que sa dénonciation.

G.D. — Qui était peut-être un peu démonstrative…

M.B. — Oui, un peu trop vaudevillesque. Le chalumeau de Ionesco n'était sans doute pas assez fort pour s'attaquer à ce sujet. Mais cela m'a permis de le rencontrer. Ionesco n'était pas si proche des acteurs qu'on le dit, et malgré tout, j'ai pu manger avec lui souvent.

G.D. — Comment définiriez-vous Ionesco ?

M.B. — C'est le plus beau clown que j'ai jamais vu de ma vie : imbécile à souhait et lumineux à souhait. Une petite boule de chair qui laissait entrer en lui toutes les choses les plus diverses, sans tirer de conclusion définitive, en mettant le monde sur le papier, par l'écriture. C'était un esprit vraiment fort, une surprise permanente, un caméléon phénoménal ! Jamais le même… On ne sait pas qui est Ionesco. J'ai deux histoires avec lui, que j'ai déjà racontées, mais qui sont très significatives :

Ionesco savait que je reprendrais le *Rhinocéros*, et il avait dit : « Je viendrais je viendrais... ». Un jour, il vient à Lyon pour voir le spectacle et me demande de dîner avec moi le soir. Je lui dis : « Bien sûr, Monsieur Ionesco, ça me ferait très plaisir, mais ce n'est peut-être pas la peine que vous veniez voir la pièce... Vous savez, les portes battent très vite. » C'était un calvaire de jouer cela, un calvaire ! On commençait à 1 200 personnes, et on finissait à 30. Avec 100 représentations de tournée. Des épreuves comme celle-ci vous causent des dégâts sur le moral, terribles ! Cela aussi, d'ailleurs, forme le caractère. Alors, il me dit : « Ah bon. Oh, oui, le public évidemment... Eh bien, dans ce cas, je vais aller à la foire. » Je lui réponds : « Oui, je crois que c'est mieux tout de même. » Et puis la représentation se déroule, il revient de la foire et, avec un sourire malicieux, il vient me voir : « Ah, Michel, j'ai un petit cadeau pour vous. » Il me tend alors une petite boîte attachée avec un ruban. Je lui réponds : « C'est gentil, merci Eugène, mais je ne vais pas pouvoir dîner avec vous ce soir. Je me suis esquinté la voix et nous jouons demain en matinée... Je dois faire mes fumigations. » « Oh quel dommage », déplore-t-il, « je me faisais une telle joie... Bonne matinée alors... C'est comme ça, mais que c'est triste, que c'est triste quand même... » Je rentre à l'hôtel des Beaux-Arts, fais mes fumigations, et je repense à cette petite boîte. Je me dis qu'il a dû m'offrir des boutons de manchettes, quelque chose comme ça, j'ouvre la boîte...

Eh bien, vous ne devinerez jamais ce qu'il y avait à l'intérieur : un morceau de zan avec une petite boule rouge ! Cette histoire le résume entièrement. Une merveille…

Et puis une autre histoire : lors d'une des nombreuses reprises du *Roi se meurt*, j'allais avec le metteur en scène Georges Werler voir Ionesco, boulevard du Montparnasse, tous les huit jours. C'était l'époque où on le mettait dans un fauteuil : l'horreur ! Il était diminué physiquement, mais toujours aussi brillant intellectuellement, très content que l'on remonte sa pièce. Il voulait venir voir la pièce à l'Atelier en septembre, avec son petit fauteuil. On évoquait un peu le texte, on parlait de choses et d'autres. Je lui dis un jour : « Demain, je ne pourrai pas venir vous voir, Eugène. Je suis obligé d'aller voir ma mère à l'hôpital, à Lons-le-Saunier. Il faut que j'aille la voir. » « Comment, vous avez encore votre maman ? » me fait-il stupéfait. « Oui, j'ai encore ma maman. » « Oh mais quel âge a-t-elle ? » Je l'entends encore. « 101 ans », lui dis-je. « Oh ! » s'exclame-t-il, très impressionné. C'était un espoir extraordinaire pour lui. « Mais il faut aller la voir. Allez la voir… ». Et c'est la dernière fois que j'ai vu Eugène. Il était très heureux. Et puis, on commence à jouer la pièce trois ou quatre fois, et là, j'apprends sa mort. Cela m'a fait un effet épouvantable. Je ne vais jamais aux enterrements d'habitude, mais, cette fois, je suis allé au service au fond du boulevard Saint-Germain, à l'église orthodoxe. Je vois son cercueil, je reste un peu, je rentre chez moi, j'écoute le répondeur saturé de messages, et je découvre, parmi d'autres, un message d'Eugène : « Allô, ici Ionesco, bonjour Michel, comment va votre maman ? »

G.D. — Le dernier message qu'il vous a laissé…

M.B. — C'est tout à fait une histoire à lui, ça. Comme si le destin épousait sa cause, était conforme, obéissait. Une histoire extraordinaire. On a pleuré comme des vaches, avec Juliette, et on a recommencé le travail. J'ai un tel amour pour Ionesco, un tel amour… Il n'a jamais su que je lui portais cette tendresse et cette affection profondes. Mais il ne me quitte pas. Cela m'a fait relire tout son théâtre. Toutes ses pièces sont phénoménales. Je ne pourrai plus les jouer, parce que je suis trop vieux. J'aurais tellement voulu jouer certaines des pièces tombées complètement dans l'oubli aujourd'hui, dont on ne parle jamais et qui sont extraordinaires… *Le Tableau*, par exemple, qui dépeint les relations entre un homme d'affaires et un peintre, un artiste manipulé par l'argent et le commerce. *Les Chaises* ne sont rien à côté ! Relisez cette pièce, et jouez-la plus tard. Ionesco y décrit notre époque de manière phénoménale. J'aurais tellement aimé la jouer. Je ne souhaiterais pas qu'on la joue de mon vivant, si je peux me permettre, cela me ferait trop de peine.

G.D. — Ionesco était très préoccupé par la mort, non ? On retrouve cette angoisse dans nombre de ses pièces…

M.B. — Préoccupé par la vie surtout. Mais il est sûr que le partenaire de l'auteur est la mort. Les pièces sont écrites pour la conjurer en quelque sorte. La vie et la mort sont intimement liées au théâtre…

G.D. — J'ai noté que dans les dernières pièces que vous avez jouées – *Minetti*, *Le Malade imaginaire*, *L'Avare*, *Le Roi se meurt* – ou dans les films – *Comment j'ai tué mon père*, *Le Promeneur du Champ-de-Mars*, *La Petite Chambre*, *Renoir* –, on retrouve la mort comme un thème qui revient et relie toutes ces œuvres entre elles…

M.B. — Oui, bien sûr, la mort est un partenaire… *Silence.* Mais toutes les grandes pièces et les grandes œuvres traitent de la mort, vous savez, même de manière indirecte.

Octobre 2014

6

La peinture et le cinéma

G.D. — Vous avez tourné récemment dans trois petits films réalisés par Jean-Pierre Larcher, qui évoquent la mort, mais aussi la peinture : *Le Temps des vertiges*, *Le Voyage d'hiver* et *La Vénus au miroir.* Qu'est-ce que la peinture représente pour vous en tant qu'acteur ?

M.B. — La peinture est une chose très importante pour moi, fondamentale. Comment les acteurs peuvent-ils ne pas aller voir les tableaux des grands peintres ? Les portraits ? Comment peuvent-ils vivre sans ces trésors ? Les acteurs se privent de choses folles en ne se nourrissant pas de peinture, des grands peintres, révélateurs de richesses de réflexion sur l'histoire et sur l'être humain. Ce sont des puits de trouvaille infinis. La peinture italienne surtout est pour moi comme une description du paradis. C'est une leçon de vie pour celui qui regarde, qui apprend à aller doucement vers une sorte de calme, de sérénité, et se rapproche ainsi du paradis.

G.D. — Vous n'avez jamais cessé d'aller dans les musées ?

M.B. — Maintenant, les musées sont trop épuisants pour moi physiquement, mais je regarde sans arrêt les livres de peinture, avec un appétit incroyable. Je me réfère en permanence aux grands peintres.

G.D. — Faites-vous des associations entre les peintres et les auteurs ?

M.B. — Oui, cela m'arrive de temps en temps, mais, dans mes réflexions, les peintres m'en disent plus que les auteurs. Les peintres ont une importance énorme dans ma manière de travailler. Si je surprends un regard dans un tableau d'Ingres, dans un portrait de femme d'Ingres par exemple, il m'arrive d'avoir des révélations sur un rôle. Des vies humaines révélées par un regard ! Les grands maîtres comme Titien me bouleversent. Le portrait de José-Maria della Rovère, avec son armure… On peut voir dans le regard de cet homme, tel que l'a peint Titien, avec une pitié effarante, comme le regret du criminel…

G.D. — On parlait tout à l'heure de la voix au théâtre, mais le regard me semble avoir une importance considérable, dont on ne parle pas assez. Le poids d'un regard, sa signification… Ne devrait-on pas d'abord apprendre aux acteurs à regarder ?

M.B. — Oui. Les peintres sont bien davantage les maîtres de l'acteur que le metteur en scène. On est là vraiment dans la matière de la réflexion.

G.D. — Vous prêtez également attention aux corps qui sont peints, j'imagine, aux postures ?

M.B. — La beauté des corps peints me captive. J'admire l'art des peintres qui consiste à rendre un corps nu sur une toile, et à le rendre dans sa magnificence. Les peintres questionnent l'énigme de la beauté, qui peut être inhumaine parfois…

G.D. — Et la composition du tableau peut elle-même être une puissante source d'inspiration pour l'architecture d'une pièce. En ce qui concerne *Le Roi se meurt*, avez-vous pensé à certaines toiles en particulier ?

M.B. — Sûrement, mais je n'en suis pas pleinement conscient. Les peintures qui m'inspirent sont toujours là malgré moi. Inconsciemment.

G.D. — Qu'en est-il du cinéma pour vous maintenant ? Placez-vous toujours cet art en dessous du théâtre, en tant que spectateur et en tant qu'acteur ?

M.B. — Oui, je suis intrigué par le cinéma, mais les films sont pour moi moins intéressants que les spectacles.

G.D. — Parce que vous ne maîtrisez pas votre travail au cinéma ?

M.B. — Sans doute, oui. Prenons *Renoir* par exemple : j'ai été passionné par le rôle – qui m'a véritablement comblé – mais un peu déçu par le film, quand je l'ai découvert. Le film est magnifique certes, mais le réalisateur a coupé des scènes qui à mon sens auraient dû rester : des moments de vie de Renoir me semblant très essentiels à montrer. Par exemple, les scènes avec le marchand d'art Ambroise Vollard ont été supprimées dans le montage final, ce qui me semble une erreur. Vollard annonçait que la Fondation Barnes commandait à Renoir 150 tableaux et lui disait « Au travail ! ». Imaginez, c'était fantastique… Seule la scène avec le médecin est restée. Heureusement. Il y a d'autres scènes où l'on parlait de Picasso et Rodin qui me paraissaient importantes. « Picasso, il faudrait que je le voie, il faudrait que je le voie, j'ai quand même quelques questions à lui poser… » Ou Renoir qui reçoit Rodin une fois et au sortir de l'entretien il a ce mot : « Jamais il ne remettra les pieds chez moi, celui-là. Quel con ! ».

Ce sont des scènes qui éclairaient le rôle de manière plus contrastée et qui ont été coupées au montage et m'ont manqué à la vision du film.

G.D. — À ce propos, vous avez joué ces derniers temps des personnages historiques ayant déjà vécu (Furtwängler, Mitterrand, Renoir…) En quoi, sur ces rôles-là, le travail est-il différent que sur un personnage purement fictif ?

M.B. — Je ne vois pas beaucoup de différences. Quand je joue Mitterrand dans *Le Promeneur du champ de mars*, quel rapport ai-je avec lui ? Rien. Alors, je prends dans le personnage historique quelque chose de réel qui résonne en moi. Par exemple, en travaillant sur Mitterrand, j'ai appris ceci qui m'a éclairé : il avait été fait prisonnier à la guerre et avait par trois fois tenté de s'évader. Les deux premières tentatives ont échoué, mais la troisième a réussi. Or, il était tout seul pour cette troisième évasion. S'il y a une excuse à Mitterrand, à ses actions à venir, à son rapport au pouvoir, elle se trouve là ; s'il y a un moment où on peut le saisir en tant qu'homme, l'humaniser, c'est bien celui-là. Cette vocation de tout faire pour sortir du pétrin.... Tout ce trajet qu'il a parcouru tout seul en France pour regagner la Charente, chez lui, cette peur, cette angoisse de marcher pour atteindre le but, en pleine période de guerre... Tout Mitterrand est là, me suis-je dit. Le vrai Mitterrand. Après, ce n'est plus le vrai. Je me suis appliqué à respecter ce « vrai », le réel de ce moment-là.

Évidemment, ça ne m'est pas venu facilement de le résumer à ce voyage. Je ne me suis pas tant préoccupé que ça de ses actions politiques par la suite, de ce qu'il était... Le voyage pour moi était la clef du rôle. Je me suis concentré sur ce périple énorme de peur et d'angoisse, et j'ai pensé à tout ce qu'il a fait après pour cacher ce moment où il était lui-même, dans la solitude. Sans ambition, sans rien d'autre que l'être vierge. C'est ce que je me suis appliqué à restituer. Est-ce que j'ai eu raison ? Cela, c'est une autre histoire. Mais je n'aurais pas pu commencer à jouer ce rôle si je n'avais pas trouvé cette astuce. Des gens qui l'ont connu – certains de ses ministres – m'ont dit : « Je ne sais pas comment vous avez fait, mais on le retrouve lui. »

G.D. — C'est intéressant, parce qu'à aucun moment dans le film on ne parle de ce voyage, on ne le montre. Ce dont vous parlez, c'est donc la part cachée, « l'image dans le tapis » comme dirait Henry James.

Votre interprétation m'a particulièrement touché dans ce rôle. Vous n'imitez pas Mitterrand, à la différence de beaucoup d'acteurs dans ces fameux « biopics » qui n'arrêtent pas de sortir, vous n'êtes pas dans la reconstitution mais dans la réinvention de Mitterrand. Quelque chose reste mystérieux dans votre interprétation, qui appartient autant à vous qu'à Mitterrand. La fiction reste maîtresse.

M.B. — Cela découle de ma démarche. Mitterrand n'a pas voulu être pris, et il avait une angoisse atroce d'être à nouveau arrêté. Tout son parcours par la suite découle de cela : ministre de la Justice au moment des tortures en Algérie, la mort de Bousquet, François de Grossouvre qui se suicide à l'Élysée… Enfin, c'est quand même assez effrayant… Mais si l'on analyse ces actes par la peur qui le tenait, alors peut-être on le saisit. Et puis j'ai été frappé par la nécessité du romanesque dans sa vie. Mitterrand était un personnage de roman formidable. Ce moment où le chanteur Daniel Balavoine le blesse devant une caméra de télévision, la façon dont Mitterrand le regarde, on se dit : « il n'en a pas pour longtemps, celui-là, il est cuit ». Trois ans après d'ailleurs, Balavoine meurt. Et tout est comme ça chez Mitterrand. Parce qu'il y a cette peur qui est en lui, ce trajet initial. Pour moi, en tout cas.

G.D. — Vous avez découvert cette peur de Mitterrand en lisant une biographie, en puisant dans des documents ?

M.B. — Non, je l'ai imaginée. Je savais qu'il avait accompli ce trajet et j'en ai fait ma cuisine intérieure. Même si c'est faux, cela n'a pas d'importance puisque j'avais à le faire. Il faut que je trouve une motivation pour voir le rôle, parce que ce n'est pas les journaux qui vont me le faire voir.

G.D. — L'imagination a-t-elle une place plus importante quand on travaille un rôle pour le cinéma que pour le théâtre ?

M.B. — Au cinéma, l'imagination supplée peut-être, dans le cadre de la préparation à un rôle, à l'absence de texte et d'auteur. Cela étant dit, j'ai travaillé sur Mitterrand, comme si c'était un rôle de théâtre, un personnage de roman. De la même manière que j'aurais préparé Hamlet ou Alceste. Mais le cinéma peut souvent être très décevant, quand on découvre les films a posteriori.

G.D. — Vous me paraissez malgré tout réconcilié avec le septième art ces dernières années…

M.B. — J'ai toujours aimé le cinéma. Mais plus en tant que spectateur qu'acteur.

G.D. — Il vous est souvent arrivé dans vos derniers films d'être confronté à des acteurs de la jeune génération – Jalil Lespert, Vincent Rottiers, Florence Loiret-Caille, Anna Sigalevitch… –, que j'ai trouvé remarquables face à vous. Cette confrontation entre vos jeux respectifs a quelque chose de fécond. Il y a là, a mon sens, une alchimie particulière.

M.B. — Oui, je m'entends bien avec eux : Loiret-Caille, Rottiers… Au début, ils ont une allergie à moi, ce qui est tout à fait normal. Ils se disent : « Oh il va nous emmerder, le vieux… » C'est normal. Et puis, au bout de deux ou trois jours, cela va mieux et cela crée en eux quelque chose. Ils me trouvent plus jeune qu'eux, c'est ça qui est bien ! Alors ils sont contents. C'est une de mes dernières victoires, cela.

G.D. — C'est l'enfant qui resurgit chez vous ?

M.B. — Oui, l'enfant, toujours. Chez moi, c'est très important.

G.D. — Plusieurs films que vous avez faits sont ressortis récemment : *Le Jouet* de Francis Veber, *Papa, les petits bateaux* de Nelly Kaplan ou *Les grands sentiments font les bons gueuletons* de Michel Berny. Et j'ai pu y découvrir d'autres facettes de votre talent, une pratique de l'humour inattendue.

M.B. — Oui. Nelly Kaplan… Voilà une cinéaste très méconnue et tout à fait formidable. Certains de ses films sont beaux comme des Renoir, justement. J'ai fait trois ou quatre films avec elle. C'est comme les films que j'ai faits avec Édouard Luntz. *Le Dernier Saut* et *L'Humeur vagabonde* sont deux films magnifiques, que j'ai revus récemment.

G.D. — C'est drôle comme les films ressurgissent avec le temps.

M.B. — Oui. Malheureusement, les copies des films de Luntz, par exemple, sont fort endommagées. Des films magnifiques qui n'ont pas fait une entrée, pas un sou, et qui pourrissent dans des caves. C'est misérable…

G.D. — Vous avez dans ces films un comique, très étrange, très inquiétant.

M.B. — J'aime beaucoup faire rire.

G.D. — Préférez-vous les rôles comiques aux rôles tragiques, ou n'y a-t-il pas de distinction ?

M.B. — Non. Enfin, c'est très difficile de faire rire à bon escient. Intelligemment. Il ne faut pas trop pratiquer le comique, car cela peut vite devenir une caricature. Cela dit, j'aime beaucoup le comique quand il se mêle à une profondeur humaine. D'ailleurs, Bérenger dans *Le Roi se meurt* et Argan dans *Le Malade imaginaire* par exemple sont des rôles comiques, mais dilués dans le brouillard de la cervelle. Le cerveau d'Argan est complètement brouillé, il est comme mou, n'existe plus, ce n'est plus une matière qui tient. C'est un rôle très étrange que celui d'Argan. J'aime beaucoup ce rôle mais je ne sais pas si je le jouais bien. Je voudrais le reprendre, car je le jouerais mieux maintenant. Je comprends mieux cette idée de la cervelle qui s'en va. La cervelle molle… Elle m'habite maintenant. Cette implosion cérébrale…

7

Molière et les grands maîtres

G.D. — Vous m'avez un peu parlé de Molière pour qui vous avez depuis longtemps un amour particulier, une dévotion même… À de nombreuses reprises, vous avez joué ses pièces, et je crois savoir que vous vous en nourrissez constamment.

M.B. — Oh, oui, Molière, c'est pour moi le théâtre dans toute sa splendeur, car il représente l'homme dans toute sa vérité. Et pourtant, il n'est pas toujours facile de se hisser à la hauteur de ses pièces, de se rapprocher de ses personnages. Quand je jouais *L'Avare* par exemple, Juliette Carré m'avait horriblement contrarié : elle m'avait dit que je faisais trop « homme d'affaires » en Harpagon. Cela m'avait bouleversé. Quel était le secret que je n'avais pas pour faire « homme d'affaires » dans ce rôle ? Je me suis mis dans la peau de Molière et je me suis demandé à quel moment de sa vie il avait écrit cette pièce. Je me suis aperçu que c'était tout de suite après la rupture avec Armande. Imaginez la scène : il est dans la petite maison d'Auteuil, il en veut à Armande parce qu'elle a fait des dépenses de robes absolument effarantes. Il est avec son bol de lait, ne reçoit plus grand monde et se rappelle de son père qui, lui aussi, faisait des scènes à sa mère pour des dépenses exagérées. Et alors, en y repensant, le personnage est descendu plus profondément en moi. Molière, avec cette pièce, se venge de son père. Et il se dit : « ce défaut d'avarice, dont j'ai fait preuve devant ma propre femme en lui reprochant ses dépenses, est une chose abominable. Je me suis conduit comme mon père ! » Molière a écrit *L'Avare* pour se débarrasser de ce défaut qui lui était tombé dessus par atavisme. Il caricature ce défaut…

G.D. — Molière aurait donc écrit toutes ses pièces qui portent sur nombre de défauts du cœur humain (l'avarice, la misanthropie, l'hypocondrie, la vanité…) pour exorciser ses démons ?

M.B. — Oui. Et quand j'ai compris que *L'Avare*, c'est à la fois Molière et son père, à ce moment-là, j'avais mon bonhomme. C'était cela, le processus de travail qu'il me fallait entreprendre. Si je n'avais pas eu Juliette pour me faire cette critique de « l'homme d'affaires » que je représentais, je n'aurais jamais réalisé cela. D'où l'importance de se renseigner sur la période où telle œuvre a été écrite dans le parcours d'un auteur. Il faut faire attention avec Molière. Ce sont des personnages très difficiles à jouer : « Trois et deux font cinq et cinq font dix et dix font vingt. Trois et deux font cinq. "Plus, du vingt-quatrième, un petit clystère insinuatif, préparatif, et rémollient, pour amollir, humecter, et rafraîchir les entrailles de Monsieur ?" Ce qui me plaît de Monsieur Fleurant, mon apothicaire, c'est que ses parties sont toujours fort civiles : "les entrailles de Monsieur...". » C'est fabuleux de commencer une pièce comme cela. Dans la solitude la plus totale, Argan compte. C'est pour cela que c'est une erreur absolue de vouloir jouer avec le public dans cette pièce. S'il y a bien quelqu'un qui est seul, sans public et sans rien, c'est bien l'avare. Seul... avec le public qui peut le regarder et s'en moquer.

G.D. — Seul dans le désert ?

M.B. — Bien sûr, il est seul dans le désert de sa bêtise. C'est M. Dullin qui m'a transmis ce secret, quand je l'ai vu jouer Harpagon. J'ai deux maîtres que j'ai vu jouer, que je n'ai jamais connus et à qui je n'ai jamais adressé la parole : M. Dullin et M. Jouvet. Ils ont été mes professeurs, sans le savoir. Mais je les ai beaucoup vus jouer. Toutes les reprises que Dullin a faites au Sarah-Bernhardt de ses créations de l'Atelier : *La Volupté de l'honneur*, *Volpone*, *L'Avare*, *Le Faiseur*... Dullin dans le film de Raymond Bernard, *Les Misérables*, joue le rôle de Thénardier. Quand il fait sa crise de colère avec ses sbires, c'est fantastique de cruauté, hallucinant ! Il y a un plan extraordinaire de lui qui se bat et rit des uns et des autres dans la bagarre. J'en garde un très grand souvenir. C'est la populace qui s'exprime tout entière dans ce rire étrange, carnassier, d'une expressivité frappante... Dullin dans cette scène fait peur, il tape sur ses jambes, c'est terrifiant. Tous ces acteurs qui jouent dans ces films américains et sont glorifiés, ne sont rien à côté de Charles Dullin dans *Les Misérables*, littéralement habité par l'envie de tuer. Je donnerais ma vie pour un plan comme ça ! La cruauté, l'imbécillité, la sagesse...Tout est dans ce rire d'enfant, au beau milieu de ces voyous. On devrait montrer en boucle cette scène à tous les acteurs. C'est pour moi le génie absolu.

Mais je me souviens aussi particulièrement de Dullin dans *Le Faiseur* de Balzac... J'ai joué plus tard le rôle de Mercadet pour la télévision et j'étais mauvais comme un cochon ! J'ai compris plus tard pourquoi j'étais si mauvais : c'est parce que je ne trouvais pas la scène où il reçoit les gens pour capter leur argent. Je le jouais en manipulateur. Au contraire de Dullin qui jouait la peur, pas la malignité. Dullin sur scène, adossé à son secrétaire – il y a une photographie magnifique de lui dans cette posture –, préparé à recevoir les gens, était rempli de peur. C'est cela qui fait toute la beauté du rôle. Faire celui qui va rouler les autres est beaucoup plus attendu. Jouer le faiseur dans *Le Faiseur* n'a aucun intérêt. Il ne faut jamais jouer le caractère. C'est le secret de ce rôle en particulier : la peur de ne pas réussir à duper son prochain. Toute son attitude disait : « Pourvu que j'y arrive... »

G.D. — Si je comprends bien, Dullin ne jouait pas le sentiment évident, et vous, si... Mais vous l'aviez pourtant vu jouer avant d'interpréter ce rôle à votre tour ?

M.B. — Oui et j'ai quand même reproduit l'erreur. C'est curieux, n'est-ce pas ? J'étais quand même pris, emporté par le mouvement de la malignité. Mais c'est Dullin qui a raison. La peur est un sentiment beaucoup plus profond, souterrain.

G.D. — Vous parlez souvent de la peur, qui me semble être un moteur formidable pour l'acteur – qui est lui-même pétri de peurs – et peut s'avérer le secret d'un rôle… Il est vrai qu'elle est le dénominateur commun de beaucoup d'actions humaines… Vous évoquiez la peur de Mitterrand, ici la peur d'Harpagon…

M.B. — J'ai appris deux choses avec Dullin et Jouvet : avec Dullin, la peur, et avec Jouvet, le cynisme. Un cynisme fantastique. On sentait que chez lui, tout l'être souffrait de devoir être cynique. Face au monde.

G.D. — Dans quel rôle Jouvet vous a-t-il particulièrement marqué ?

M.B. — Dans *L'École des femmes*, il était fantastique ! Je l'ai vu sept fois. J'allais tout le temps le voir et le revoir pour comprendre, pour prendre une leçon. J'étais alors au Conservatoire… Cette imbécillité qui l'habitait complètement dans le rôle d'Arnolphe… Qu'est-ce que fait Arnolphe avec cette petite ? C'est complètement ridicule… Il poussait des gloussements… C'était insensé, ce que faisait Jouvet là-dedans, à mille lieues de l'image de l'être cultivé qu'on avait de lui. Tout à fait inattendu !

G.D. — Vous l'avez vu jouer Dom Juan ?

M.B. — Non malheureusement. Mais il était souvent décalé par rapport aux rôles qu'il jouait, il avait l'air d'avoir pris un costume qu'il ne devait pas prendre. Il donnait l'impression de ne pas être tout à fait à sa place. De cet amateurisme apparent, il faisait une arme.

G.D. — De même, il paraît que Jouvet était bègue au départ alors qu'il avait, quand il jouait, une diction très impressionnante, un art du dire remarquable.

M.B. — C'est la même chose ! De toutes ses faiblesses originelles, de toutes ses lacunes, il a fait des armes. C'était un acteur très curieux. C'est l'exemple même d'un homme qui n'aurait pas dû faire ce métier et qui l'a quand même fait. Par la foi en lui-même et dans les auteurs. Son parcours est d'une beauté absolue. La volonté de se terrasser lui-même a fait de lui un immense artiste.

G.D. — Je regrette souvent de ne pas l'avoir vu jouer au théâtre…

M.B. — Oui… Mais vous savez qu'il était mauvais parfois. Il ne faut pas exclure le mauvais, la possibilité du mauvais. Il n'est pas bon non plus d'idéaliser à outrance les grands acteurs.

G.D. — Il est tout de même extraordinaire que vous disiez que Jouvet et Dullin soient vos maîtres, malgré le fait que vous ne les ayez pas connus. Je crois beaucoup au dialogue silencieux que l'on a avec les maîtres, avec certains acteurs que l'on va voir jouer. Je ne vous ai jamais eu comme professeur, mais je peux dire de façon certaine que vous m'avez appris beaucoup, davantage que certains des enseignants que j'ai eus… J'allais vous voir jouer, je vous lisais, j'observais votre trajet et votre compagnonnage avec les auteurs…

M.B. — C'est normal. On transmet à qui on doit transmettre, à qui se ressemble. On ne transmet rien aux autres. Mais il est important d'avoir des maîtres. Certains de mes élèves du Conservatoire ont voulu être leurs propres maîtres et se sont complètement fourvoyés par la suite. Ils se sont retrouvés à jouer des pièces sans les comprendre, sans les avoir travaillées, sans penser aux acteurs qui les ont précédés dans les rôles qu'ils interprétaient. La Comédie-Française peut constituer un danger pour ce type d'acteur, les acteurs sans maîtres. On m'a proposé de m'y faire entrer par trois fois, j'ai toujours refusé.

G.D. — Vous aviez trop peur de perdre votre indépendance ?

M.B. — Trop peur de perdre la vérité. Comment veut-on, quand on joue ce répertoire du théâtre français qui est l'un des plus riches au monde, le jouer sans réfléchir ? Entendez-moi bien : je ne dis pas que les comédiens du Français ne réfléchissent pas, mais il faut réfléchir pendant peut-être au moins trente ans pour jouer *Le*

Misanthrope ou *Le Malade imaginaire*. Les grands rôles ne se jouent pas comme ça, il ne suffit pas d'apprendre le texte ! Il faut être bien accompagné et avoir eu une longue réflexion sur les rôles, sur Molière. Toutes les pièces de Molière que j'ai jouées, je voudrais les rejouer maintenant, parce que je les jouerais mieux. D'une part, parce que je les comprends mieux, et d'autre part, parce que le monde change. Les acteurs ne se préoccupent pas assez du public, voilà leur défaut majeur. Ils ne sont pas assez à l'écoute des problèmes sociaux, de ce qui se passe dans le monde et au sein de leur société, d'un point de vue politique et sociologique.

G.D. — Vous n'êtes pas à une contradiction près ! Si je vous comprends bien, il ne faut donc pas qu'un acteur se mêle de politique – vous le disiez tout à l'heure –, mais qu'il s'y intéresse malgré tout et qu'il développe, au fil de ses observations, un point de vue sur le monde et son époque.

M.B. (*sourit*) — Mais bien entendu.

8

Servir

G.D. — Vous êtes un acteur attentif au présent, et en même temps, vous êtes beaucoup tourné vers le passé, si fait qu'on pourrait vous assimiler un peu rapidement à un garant de la tradition, peu enclin à la modernité.

M.B. — C'est très curieux... Bien souvent, on me prend pour une sorte d'être réactionnaire, de ringard, d'acteur perverti. Mais c'est faux, complètement faux. J'ai été au service de mon métier toute ma vie, et particulièrement en ce qui concerne le théâtre contemporain. Vous pouvez regarder la liste de toutes les pièces que j'ai faites, il n'y a en pas une qui soit inintéressante. J'ai voulu servir, comme un maître d'hôtel vient servir les gens dans son restaurant. Il *sert*. Il veut que tout soit parfait. Moi, j'ai fait, je n'ai fait que cela. Je n'ai pas de mérite particulier, j'ai fait ce que la vocation me permettait de faire, c'est-à-dire servir. La plupart des gens, de nos jours, ne veulent pas servir, ils veulent se servir.

G.D. — Mais comment servir, et donc préserver une exigence du métier, une rigueur, une éthique, face aux aléas et aux épreuves que l'on peut rencontrer dans son parcours d'acteur ? C'est une question qui peut se poser, le comédien se retrouvant parfois contraint d'adopter la posture du courtisan dans un théâtre français qui ressemble à la cour du Roi Soleil.

M.B. — Il faut le faire quand même, sans se préoccuper des querelles de cour et de chapelle. Ce que vous faites, comme d'autres jeunes gens que je rencontre. Cela paye sur la longueur, cela finit par payer. Il faut beaucoup de courage. Mais pas forcément tant que ça non plus.

G.D. — Et que dites-vous du facteur de la chance et du hasard des rencontres ?

M.B. — Ah cela… On ne peut pas dire que ça n'existe pas… On ne peut pas dire le contraire. C'est là où il y a une difficulté. Il faut avoir la chance de temps en temps. Pas toujours, mais de temps en temps. Il faut un coup de pouce de la chance, du destin.

G.D. — Par exemple, vos rencontres avec Camus, Anouilh, Grémillon sont des chances extraordinaires ?

M.B. — Ç'a été fondamental.

G.D. — Pour *Caligula*, comment cela s'est-il passé ? C'est Albert Camus ou Gérard Philipe qui vous a demandé de jouer dans ce spectacle ?

M.B. — J'en ai souvent parlé, mais je ne reviens toujours pas de ce miracle : Albert Camus ne me connaissait pas et m'a vu au Conservatoire donner une réplique de Narcisse dans *Britannicus*. Une réplique, et tout de suite c'était réglé ! Il m'a supplié par la suite de jouer dans *Les Possédés*, car je lui avais dit que je ne voulais plus jouer de rôles de traîtres. J'en avais assez de ce genre de personnage. Mais Camus voulait vraiment que je joue le rôle de Verkhovenski. J'ai cédé, parce que c'était lui, parce qu'il le voulait vraiment. Et je ne l'ai pas regretté. Aujourd'hui, ce genre de miracle est peut-être plus rare, les auteurs comme Camus vont peut-être moins au théâtre ou au Conservatoire…

G.D. — Comment faire alors si l'on ne rencontre pas ce genre de personnes, d'auteurs ou de metteurs en scène qui vous font confiance ?

M.B. — Ce qu'il faut faire, c'est prendre dix camarades que vous choisissez, faire les choses par soi-même, et monter les chefs-d'œuvre, qui vont vous dire comment faire. C'est tout. Mais il est indispensable d'avoir confiance, ce qui n'est pas rien. Et petit à petit, vous allez avoir autour de vous des spectateurs qui vont venir vous remercier de tout leur cœur d'entendre la parole de vérité que vous leur transmettez. Il n'y a qu'à passer son temps à s'approcher de l'auteur, à dire et redire le texte le mieux possible, dans l'esprit avec lequel il a été écrit. Tout le travail de l'acteur consiste à s'approcher de la vérité d'un auteur. Ce n'est pas la vérité de maintenant qui est valable, mais celle de l'époque. Une pièce du XIXe siècle ne se joue pas comme une pièce du XVIIIe siècle qui, elle-même, ne se joue pas comme une pièce du XVIIe siècle, et ainsi de suite. L'acteur est un lecteur et un témoin, du siècle actuel et des siècles passés. Il est tout entier dans son attachement à l'auteur. Il s'efforce de pénétrer l'authenticité d'un texte à l'époque où il a été écrit. Il doit respecter cette époque, car faire évoluer le contexte d'une pièce dans le sens où on se l'approprie, c'est une erreur, à mon avis. L'important est de distinguer en profondeur ce qui fait la différence d'un auteur à l'autre. Le véritable acteur est celui qui saura jouer Racine, Molière, Corneille, Shakespeare, en sachant à chaque fois déceler ce qui fait leur singularité et ce qui leur a fait écrire telle pièce et pas telle autre. C'est vraiment tout un travail.

G.D. — Et pour ce qui est des pièces contemporaines ?

M.B. — C'est le même travail. Toujours toucher à la vérité et se poser cette question : pourquoi telle pièce a été écrite ? Le travail sur la langue, le style d'un auteur, est également fondamental évidemment. Et du moment où vous avez la vocation, vous êtes tranquille. Il n'y a pas de raisons de se triturer le cerveau pour comprendre notre époque ; cela n'a pas d'intérêt. Il ne faut pas être un activiste politique pour être acteur. Il faut suivre à la lettre le postulat d'une pièce.

Prenez *Hamlet* par exemple. Quelle bêtise que de vouloir à tout prix actualiser la pièce ? Le problème d'Hamlet est très difficile. Pour jouer ce rôle, l'acteur doit avoir une certaine manière de sentir, d'être, il s'agit de représenter le prince. Et la première scène est fondamentale. Que s'y passe-t-il exactement ? Nous découvrons un jeune homme qui voit son père arriver en spectre et se jette dans ses bras. Un père qui vient de l'autre monde, quand même. C'est un choc absolu, ce n'est pas n'importe quoi. Tout est là ! Et le père lui dit : « On m'a trahi, on m'a fait du mal, on m'a fait ceci, on m'a fait cela, etc. À la vengeance, à la vengeance ! » Si cela vous arrivait à vous, si vous voyiez votre père arriver vous disant cela, imaginez seulement l'horrible chose que cela représente… Je ne sais même pas si vous oseriez aller l'embrasser ! Il faut prendre les choses pour ce qu'elles sont exactement. Les faits sont ce que le public voit, tout doit être là ! Hamlet prend alors sa décision : « Je le vengerai ». Et c'est fini, il va passer le reste de la pièce à mettre sa vengeance à exécution. La pièce est élisabéthaine, elle est « dans son chemin exact ». Tout dépend de la première scène. Si l'on arrive à construire le rôle à partir de ce choc initial, c'est bon : on a la pièce, on a le spectacle…

G.D. — Le choc de voir le fantôme ?

M.B. — C'est un fantôme qui devient réel, ce qui est terrifiant ! Un enfant qui se précipite dans les bras de son père qu'il adorait et qui entend cela… Hamlet n'a rien demandé à personne, et son père lui dit à l'oreille : « Dis donc, il m'est arrivé tel ennui, telle catastrophe… Tu sais que ta mère a été très très méchante… très horrible… L'oncle est un salaud… etc. Venge-moi ! » Et le père redisparaît. Hamlet doit vivre avec cela. Eh bien, il n'y a plus à réfléchir après.

G.D. — Vous voulez dire que la détermination d'Hamlet, peut-être même sa vocation, s'est dessinée à partir de ce moment-là… Après, c'est une pièce d'action, c'est cela ?

M.B. — Oui, c'est une pièce élisabéthaine, je le répète. Le bien et le mal sont deux entités extrêmement importantes pour l'époque. Hamlet va agir au nom du bien, sans intellectualité aucune.

G.D. — Donc, la problématique sur sa folie ne compte pas pour vous. Est-il fou ou fait-il semblant d'être fou ? Ce serait une question secondaire pour vous ?

M.B. — Tout cela, ce n'est rien… Ce sont des imbécillités, ces considérations sur sa prétendue folie. Il faut voir la situation, et la situation dit cela, un point c'est tout. À partir de ce moment-là, c'est fini, et le rôle démarre.

J'ai travaillé ce rôle d'Hamlet très longtemps. Jean Vilar m'avait demandé de le jouer, sur les conseils de Gérard Philipe. Et puis, Vilar m'aimait beaucoup : j'avais déjà joué sous sa direction, avant même qu'il n'ait eu le TNP, *La Terrasse de midi* de Maurice Clavel au premier festival d'Avignon... J'en reviens à *Hamlet* : j'étudie le rôle, la pièce, je vois une année passer. Au bout d'un an, je demande à Vilar : « Mais quand est-ce qu'on va faire *Hamlet* ? » Il me répond : « Oui, c'est en train, c'est en train, ne t'inquiète pas, mais j'aimerais bien qu'on en parle un peu plus tous les deux. » Je lui dis : « Eh bien, quand tu veux, Jean, parlons-en ! Je vais te parler de ce que je vais faire », en sentant comme une réticence. On se voit chez lui, on se met à table, et je lui dis : « Il me semble que tout est dans la première scène, tout doit être joué en fonction de cette scène. Il ne faut surtout pas dire que le reste est plus important. » J'étaye mon propos comme je vous en ai parlé, et Vilar me dit : « Oui, oui, oui... Mais enfin quand même... Les interrogations... » Je lui réponds : « Mais Hamlet n'est pas dans l'interrogation, il n'est jamais dans l'interrogation ! Il a l'air d'être dans l'interrogation, mais il n'y est pas. Il est le personnage qui a un but et qui agit. » Il n'est pas du tout dans les poussières de l'esprit, il est dépassé par ce qu'il a vu. Comme un soldat à la guerre de 14 qui a pris un boulet de canon dans la gueule... « Car si Dieu engendre des larves sur un chien mort, étant Dieu caresseur de charognes... Avez-vous une fille ? Qu'elle n'aille pas se promener au soleil... La conception est une chose, mais pas comme votre fille peut concevoir... Ami, veillez-y. » L'insolence de ce texte, la clarté d'esprit, c'est quand même inouï…

G.D. — Et ça, Vilar ne l'a pas entendu ? Il n'était pas d'accord avec cette conception du rôle ?

M.B. — Il n'a pas compris. Il m'a dit : « Je ne le ferai pas. Je suis ignoble, Michel, mais je ne le ferai pas. » Je lui ai répondu : « Bon eh bien alors je m'en vais, et tu me payes, le temps que je me trouve un autre contrat. Tu te débrouilles comme tu peux. Je ne t'en veux pas une seconde si tu ne partages pas ce sentiment. Mais tu m'as fait perdre du temps, Jean. Alors je m'en vais. Au revoir. » Et puis c'était fini. C'était net et clair.

G.D. — Il y a nombre de metteurs en scène qui ont une conception de ce rôle très forte, qui peuvent vouloir se mettre devant l'auteur. Ils veulent faire voir leur *Hamlet*, cela devient presque un exercice de metteur en scène, un parcours obligé. Si l'on suit votre pensée, comment faire en tant qu'acteur quand un metteur en scène veut vous imposer sa conception ?

M.B. — L'acteur doit tenir compte de ce que le metteur en scène veut, mais ne pas l'exécuter tout à fait comme il le dit, comme un simple pantin qui réagit aux ordres d'un marionettiste, puisque c'est son rôle de défendre aussi sa conception du rôle, ce qu'il en pense. C'est fondamental. À partir du moment où l'on a compris qu'*Hamlet* est une pièce d'action, et non de réflexion, il faut s'arranger pour être dans l'action en tant qu'acteur. Peut-être d'ailleurs que c'est le seul personnage dans la pièce à être véritablement en action… Ça, c'est encore une chose à voir, c'est un problème de mise en scène.

G.D. — Tous les autres personnages seraient passifs ?

M.B. — Plus pesants… Hamlet est actif en tout cas, car il n'est pas possible qu'une pièce de trois heures tienne debout si l'action n'est pas là. C'est comme avec *Le Roi se meurt* : si le personnage principal n'est pas vivant, pas entraînant, la pièce ne peut pas passer. Il faut savoir aussi que le héros n'est pas toujours celui qui représente la pensée de l'auteur, pas forcément.

9

Alceste et la bêtise – Hamlet et l'action

G.D. — Si je vous comprends bien, il n'apparaît pas bon pour l'acteur de se focaliser exclusivement sur son rôle, d'autant plus si c'est le rôle principal ?

M.B. — Non il s'agit de regarder l'architecture de l'œuvre et ce qu'il y a dans la conscience de l'auteur qui a écrit telle pièce, après telle autre. C'est un jeu de miroirs entre les pièces qui ont été composées par une seule et même personne. L'auteur a quantité de secrets. Qu'y a-t-il dans la pensée de Shakespeare ? L'acteur doit obligatoirement se poser cette question. Si l'on est dans la pensée de Shakespeare, on est sauvé. J'ai mis très longtemps à comprendre que le rôle d'Hamlet était actif et non réflexif.

G.D. — Il s'agit également, quand on travaille un rôle, de tenir compte du contexte historique, politique et philosophique de l'époque.

M.B. — C'est exactement comme le problème d'Alceste dans *Le Misanthrope*. Son problème, c'est le ridicule. Ce n'est pas du tout, comme le dit Rousseau, « un honnête homme ». Alceste est bête, bête à manger du foin, il remonte l'avenue des Champs-Élysées, avec un béret sur la tête, tel un ancien combattant ! « Trahi de toutes parts, accablé d'injustices,/ Je vais sortir d'un gouffre où triomphent les vices,/ Et chercher sur la terre un endroit écarté/ Où d'être homme d'honneur on ait la liberté. »[1] Ces derniers propos qu'il tient sont quand même d'une bêtise extraordinaire ! Je vous le dis, car vous le jouerez peut-être un jour : Alceste dit deux vers où il a tout à fait raison, et les deux vers d'après, tout à fait tort. On ne cesse de se dire : « Mais c'est vrai, il a raison, il est dans la vérité. » Et les deux vers suivants, on se dit : « Non ce n'est pas possible, ce qu'il dit est stupide ! » Et cela n'arrête pas pendant la pièce. Le secret du rôle et du comique est là…

G.D. — Alceste est dans des contradictions permanentes…

M.B. — … dont il ne se rend même pas compte !

G.D. — Et il se croit pur… Il y a là comme une bêtise de la pureté, de la volonté absolue d'être intègre. L'intégrité qui tend vers l'intégrisme.

---

1. *Le Misanthrope* de Molière, Acte V, scène 5

M.B. — Oui ! Il agit comme s'il était inapte à la pureté d'exister à certains moments ,et pas du tout à d'autres. Le rôle doit être comique.

G.D. — Alors que le personnage de Philinte apparaît en constraste comme beaucoup plus sage et moins agité.

M.B. — Beaucoup plus stable et tranquille. Philinte considère Alceste comme un énergumène. Alceste est comme nous, comme moi dans cette conversation avec vous. Le lecteur se dit de temps en temps : « Tiens c'est intéressant, ce qu'il dit là, et même passionnant… » Et puis la minute d'après : « Oh non, c'est pas possible de dire cela. C'est complètement réactionnaire et imbécile ! » La raison semble toujours présente dans ses propos, mais la déraison de son comportement est manifeste.

G.D. — Le lecteur, ou le spectateur, ne sait plus sur quel pied danser.

M.B. — Et puis, Alceste aime Célimène, cette femme qui n'est pas faite pour lui du tout. Elle sait très bien d'ailleurs qu'il n'est pas l'homme qu'elle peut avoir. Alceste traite Arsinoé comme une moins que rien alors qu'elle est très importante en cour, il se conduit comme un paltoquet avec elle. C'est honteux. Il est stupide, quoi. Il est comme nous sommes. Comme nous sommes tous.

G.D. — Sûr de son fait ?

M.B. — Oui, comme je suis parfois, malheureusement. Mais c'est normal. Je suis un être normal. Dans le fond, je ne suis pas du tout un monsieur si intéressant que cela.

G.D. — Ça, je n'en suis pas si sûr…

Mais, si je vous entends bien, Alceste, avec ses couleurs contraires, serait alors le reflet de l'humanité tout entière ?

M.B. — Oui, c'est l'humain ! Molière arrive avec cette pièce à la haute comédie, drôle et profonde. Il se moque de lui-même, du meilleur de lui-même quand il tient les propos d'Alceste. « Ce que j'ai de meilleur », semble-t-il, « c'est ce que j'ai de plus ridicule. » J'ai refusé de jouer ce rôle avec Jean Vilar encore, car je n'étais pas prêt. Je ne me sentais pas capable de le jouer ce rôle qui me paraissait trop grand. Alceste est le plus beau portrait de Molière, car c'est un portrait d'homme, dans toutes ses contradictions. L'auteur ne lui donne pas forcément raison, comme il ne se donne pas raison à lui-même. Sinon il serait un niais, or Molière, lui, n'est pas bête. Ou en tout cas, il a conscience de sa bêtise et de son ridicule, ce qui le distingue de son personnage.

G.D. — C'est important pour vous de déceler la bêtise d'un personnage, de mettre en valeur nos faiblesses en tant qu'humain ?

M.B. — Oui. La bêtise peut être quelque chose de très touchant. D'ailleurs on n'est pas forcément bête parce qu'on dit des bêtises, et on peut s'en rendre compte en allant au spectacle. Le théâtre est précisément fait pour que les gens s'interrogent en sortant de la salle et réfléchissent sur leurs comportements après avoir observé la déraison des personnages qui ont agi sur scène. Le spectateur sort du théâtre en se disant : « J'ai compris, on est comme ça… » Il sort renseigné sur lui-même.

G.D. — Il y a beaucoup d'acteurs qui veulent jouer l'intelligence d'un personnage, qui veulent paraître intelligents, ou alors qui surjouent la bêtise, pour qu'on ne les confonde pas avec ce qu'ils représentent sur scène.

M.B. — Ah, si l'on veut paraître intelligent dans un rôle, on finit par avoir l'air idiot ! À l'inverse, il ne faut surtout pas surjouer la bêtise. Enfin cela dépend des personnages, de l'époque d'où le texte provient. La bêtise évolue avec le temps, elle est variable selon le siècle, l'époque à laquelle a été écrit un texte. La bêtise de Flaubert n'est pas la bêtise de Molière. Il faut se projeter dans le temps et se demander quelle sorte de bêtise émane du personnage.

G.D. — Et le roi Bérenger, il a sa bêtise à lui ?

M.B. — Bérenger, c'est un enfant-homme. C'est Ionesco quoi.

G.D. — Il y a une phrase de Ionesco dans *Le Roi se meurt* que j'aime beaucoup et qui dit : « Je veux recommencer. Je veux être un bébé. » Et vous, Michel, aimeriez-vous, comme lui, recommencer ?

M.B. — Oh oui, volontiers ! J'aimerais bien recommencer. Dès demain matin, recommencer oui. Me mettre au service. Depuis le début. Je ferais moins de bêtises en tout cas, ou d'autres peut-être…

Mais si on joue un personnage de Thomas Bernhard par exemple, il est évident que ce personnage sera d'une autre trempe de réflexion qu'un personnage comme le neveu de Rameau de Diderot que j'ai beaucoup joué. C'est une forme d'esprit très différente.

G.D. — Vous évoquiez Hamlet, sur lequel vous avez beaucoup travaillé sans l'avoir interprété finalement. Cela a été également le cas avec Alceste dans *Le Misanthrope*. Y a-t-il des rôles que vous regrettez de n'avoir pas joués ? Ceux-là en particulier ?

M.B. — Non. Je suis là pour jouer ce que l'on me demande de jouer. Je n'ai pas de desiderata particuliers. Aucun regret. Mais c'est très bon, en revanche, de travailler un rôle qu'on ne jouera jamais. Très bon.

G.D. — En revanche, j'imagine que ces pièces et ces rôles que vous n'avez pas joués vous ont accompagnés ?

M.B. — Oui, j'ai travaillé tous les grands personnages du répertoire. Parce que ce sont des rôles phares.

Dom Juan, Hamlet, Alceste, Tartuffe...Pour jouer les rôles secondaires ou d'importance relative, il faut quand même connaître les bons et grands rôles du répertoire. On fait ses gammes en travaillant sur ces pièces et ces personnages. Hamlet est un rôle énorme à jouer, magnifique, mais il faut le jouer très positif, pas rêveur du tout. C'est une volonté qui s'affirme. C'est bien pour ça qu'on le tue : il faut que ce genre de personnes disparaisse.

G.D. — Hamlet est souvent joué de façon romantique et ténébreuse. Est-ce une vision du rôle qui vous parle ? Voyez-vous seulement une once de romantisme dans le rôle d'Hamlet ?

M.B. — Non, encore une fois, c'est une erreur sans nom d'interpréter Hamlet de manière romantique. « Avez-vous une fille ? Qu'elle n'aille pas se promener au soleil... » Hamlet est amusant, captivant. On ne peut pas faire un personnage de théâtre qui rêve et qui ne sait pas ce qu'il fait pendant trois heures... C'est forcément d'un ennui mortel. Il faut bien savoir que c'est un personnage qui doit exister sous toutes ses facettes. Il n'y a pas de romantisme dans ce personnage. C'est un personnage élisabéthain que l'action mène, comme dans un western, en un certain sens.

G.D. — C'est peut-être les Français qui en ont fait un personnage romantique – notamment Victor Hugo ou Jules Laforgue – en l'évoquant beaucoup, en l'idolâtrant même au cours du XIXe siècle. Et puis n'oublions pas la première traduction de François-Victor Hugo, teintée de ce romantisme.

M.B. — Oui mais c'est aussi que beaucoup d'acteurs et de metteurs en scène veulent rendre le personnage plus important qu'il ne l'est. Hamlet n'est pas forcément intéressant. La situation dans laquelle on le met est intéressante, mais lui, il patauge dans cette situation qui le dépasse.

G.D. — Hamlet échoue quelque part…

M.B. — Il échoue tout le temps ! C'est cette conception qui mettait Jean Vilar en colère. C'est que Vilar avait pensé ce rôle pour Gérard Philipe, et comme Gérard n'était plus là… Forcément il est tombé sur moi, et là… Vilar s'est dit : « Il faut que je monte Hamlet quand même… Michel va le jouer… » Et puis, nous nous sommes heurtés. Mais heureusement, nous nous sommes réconciliés à la fin de sa vie.

10

Gérard Philipe, les spectateurs et le devoir de vérité

G.D. — Vous m'évoquez Gérard Philipe, avec qui vous avez en commun le Conservatoire, *Caligula*, Jean Vilar, et toute une période du théâtre et du cinéma français. Vis-à-vis de lui, où vous placiez-vous ? Gérard Philipe était un apollon, un parangon de beauté, un acteur solaire... Quelle était votre relation ? Pouviez-vous parler facilement avec lui ?

M.B. — Si je disais à Gérard Philipe ce que je pensais d'un rôle, il s'en servait en l'accommodant à sa manière... Puisqu'il s'en est servi dans *Lorenzaccio*. Le plus beau rôle que Gérard ait fait dans sa vie, c'est *Lorenzaccio*. C'est un de ses derniers rôles. Il était au-delà du merveilleux, il était... inouï. Il avait l'air d'un abcès vivant. C'était comme un abcès qui suppure... mais vivant. C'était une horreur... mais sublime.

G.D. — ... Il ne jouait pas du tout de son physique ?

M.B. — Ah, pas du tout ! Il était hideux dedans. Alluré de manière tout à fait étrange. Il s'était fait une tête horrible. Il était extraordinaire.

G.D. — Romantique et élisabéthain tout à la fois ?

M.B. — Oui… C'est plutôt qu'il donnait une impression d'horreur et de splendeur confondues. Dans *Le Prince de Hombourg*, je l'admirais déjà. Mais dans *Lorenzaccio*, il a été au-delà du courage. Il était un jeune premier et tout son public l'aimait pour cela, et il a malgré cela, pris le risque d'interpréter Lorenzo de cette façon.

Je n'ai jamais vu des foules entières se déplacer comme cela pour un acteur, en France ou en Allemagne par exemple… J'ai fait une tournée du *Prince de Homburg* avec lui, parce que Vilar m'avait demandé de remplacer Daniel Sorano qui s'était foulé la cheville dans *La Mort de Danton*. Vilar m'avait demandé de jouer Sparène et Roez, ce qui n'est rien, juste quelques lignes dans la pièce. Mais comme Sorano ne pouvait pas venir, j'ai évidemment accepté. J'étais dans la troupe pour jouer le Saint-Just de Büchner. Et j'ai vu Gérard tous les soirs. Je le connaissais évidemment du Conservatoire, je lui avais donné la réplique pour son concours de sortie, c'était mon copain de classe. Et je l'ai retrouvé à cette occasion. Eh bien, je restais sur le plateau tous les soirs pour l'entendre dans *Le Prince de Hombourg*, il était magnifique… Porté par un lyrisme fascinant. Mais on s'attendait à le voir dans ce rôle, tandis qu'avec *Lorenzaccio*, on ne s'attendait pas du tout à voir Gérard comme un abcès vivant en scène.

G.D. — Pour aller dans le sens de ce que vous dites, je trouve qu'au cinéma, c'est dans les rôles maléfiques ou monstrueux qu'il est le plus saisissant… Beaucoup plus que dans *Fanfan la tulipe*. Dans *Pot bouille* par exemple, ou *Monsieur Ripois…*

M.B. — Oui, mais en fait, Gérard pouvait tout jouer. Dans certaines pièces de Tchekhov ou de Gogol, il était très étonnant. Je lui ai donné la réplique dans des pièces comme *La Demande en mariage*, ça lui allait comme un gant. Comme tous les grands acteurs, il pouvait tout jouer. Ce sont plutôt les gens du métier qui l'enfermaient dans cette image de jeune premier, à cause de son physique.

G.D. — Et vous, « jeune premier », ce n'était pas vraiment votre emploi ?

M.B. — Je n'ai jamais joué les jeunes premiers. Mais à ma manière, j'étais comme Gérard, un peu « fourre-tout ». On me demandait de donner quantité de répliques. Je me glissais dans tout un tas de rôles. C'est d'ailleurs sur une réplique de Narcisse que Camus m'a découvert, comme je vous l'ai déjà dit.

G.D. — Il n'y a donc pas de petit rôle… Il faut savoir toucher à tout en tant qu'acteur ?

M.B. — Ça, sans aucun doute. Aller à la découverte de ce que l'on ne connaît pas, ne surtout pas se cantonner à un quelconque emploi dans lequel on aimerait vous enfermer. C'est de la pure paresse.

G.D. — J'ai toujours été fasciné par le mystère, l'ambiguïté que vous avez su déployer sur nombre de vos rôles, comme si vous donniez à voir le reflet de la complexité de l'œuvre d'un auteur, mais aussi d'un être humain sur scène... Vous avez souvent navigué dans des eaux troubles. Quand on revoit certaines de vos interprétations, on est frappé par l'opacité de votre jeu, comme si vous ne disiez pas tout, comme si vous déteniez un secret.

M.B. — Ça, c'est malgré moi... Tout mon travail, c'est d'arriver à comprendre pourquoi l'auteur a écrit telle pièce. Alors je peine beaucoup, parce qu'il est très compliqué avec de grands auteurs de répondre à cette question : « Qu'est-ce qui fait qu'il s'est mis à la table et qu'il a écrit ce texte ? » Si je peux répondre à cette question, je suis tranquille.

G.D. — Vous êtes quand même attaché à révéler les zones d'ombre d'un texte, d'un personnage...

M.B. — Le plus important est de comprendre comment il faut manœuvrer. À partir du moment où on comprend comment l'auteur a fait, comment il faut faire en tant qu'acteur, on le fait.

G.D. — En vous écoutant parler, j'ai l'impression que les auteurs que vous admirez (Molière, Bernhard, Ionesco,

Pinter, Racine, Shakespeare, Beckett...) ont été vos compagnons depuis toujours, vos meilleurs alliés en quelque sorte, vos meilleurs amis...

M.B. — Oui, ce sont mes partenaires ! J'ai un amour énorme pour les grands auteurs, j'aime être avec eux. Je trouve qu'ils témoignent de la perfection humaine. Je joue toujours avec l'auteur, je ne joue jamais avec le partenaire sur scène. Jamais. Je ne le regarde pas. Les acteurs ont la manie maintenant de se regarder dans les yeux, c'est le contraire du théâtre, cela ! Il n'y a pas de raison pour se regarder les uns les autres.

G.D. — Mais où regardez-vous alors ?

M.B. — Je regarde en moi et je regarde dans l'auteur.

G.D. — Et le public, vous le regardez ?

M.B. — Ah non, surtout pas ! Jamais.

G.D. — Mais en êtes-vous conscient quand vous jouez ?

M.B. — Ah oui, je fais tout pour les spectateurs.

G.D. — Y a-t-il pour vous des publics intelligents et des publics bêtes ? D'un soir à l'autre, sentez-vous des différences flagrantes ?

M.B. — Le public dit « bête » est tout aussi intéressant que le public intelligent. C'est magnifique que des spectateurs bêtes soient présents dans une salle de théâtre. Le problème, c'est qu'ils viennent parfois très nombreux.

G.D. — Dans ce cas-là, comment fait-on ? À nous d'amener les spectateurs bêtes, ou rétifs à comprendre, à se questionner ?

M.B. — À comprendre, pas forcément… Plutôt à être sensible aux questionnements, à être fasciné par ce qu'ils ont vu. Qu'ils puissent sortir du spectacle avec des questions, si bien qu'ils auront envie de revenir au théâtre.

G.D. — Vous m'aviez évoqué votre émotion devant ce groupe d'enfants qui vous disait avoir tout compris au sortir d'une représentation du *Malade imaginaire*. Avez-vous eu d'autres manifestations d'un public adulte qui vous ait comblé à ce point ?

M.B. — Oui, bien sûr. Sans arrêt. Quand on joue au théâtre Hébertot par exemple, étant obligé de sortir par le devant, on peut percevoir les réactions immédiates du public. Certains spectateurs prennent la pièce comme une féerie de drôlerie rendant la mort acceptable, familière… Et puis, il y en a d'autres qui prennent la pièce au sérieux et se mettent à pleurer : « Il va mourir. Il est mort. Je vais mourir moi aussi. » Ces publics, si différents soient-ils, sont très importants. Ils sont tous à convaincre, ils ne demandent que cela.

G.D. — Ce que vous dites me fait penser à une phrase de Giorgio Strehler que j'affectionne : « Au théâtre les morts se relèvent. » On joue la mort, on fait comme si c'était pour de faux, et à la fin, on se relève pour les saluts.

M.B. — C'est évidemment une façon de voir. Mais on peut dire aussi que quand on est mort, c'est pour de bon.

G.D. — Le théâtre a partie liée avec la mort en tous les cas. Et ne peut-on dire que, dans un certain sens, le théâtre triomphe de la mort ? Le temps d'une représentation, on oublie ses douleurs, on sert un auteur et on s'oublie soi-même à l'intérieur d'un autre…

M.B. — Non, Il faut se méfier au théâtre de dire un mensonge. Il faut se surveiller, parce qu'on est souvent tenté, évidemment, de mentir. Pour moi, le théâtre est au contraire le seul endroit où la vérité est dite. Ce n'est pas dans la chambre des députés, ce n'est pas à l'église, ce n'est pas au cinéma qu'on dit la vérité, toutes les vérités, c'est au théâtre. Donc il ne faut pas blaguer ou tricher avec cela. Les spectateurs ne sont pas nécessairement des intellectuels, mais des gens qui veulent prendre plaisir à ce qu'on va leur montrer. Et à quoi peuvent-ils prendre plaisir sinon à des choses vraies, qu'ils ont déjà rencontrées dans la vie et qu'ils reconnaissent comme telles ?

G.D. — Le comédien a donc un devoir de vérité pour vous ?

M.B. — Un devoir de vérité, un devoir d'obéissance à l'auteur, et un devoir de ne pas parler de lui. C'est assez d'endosser les rôles avec les costumes et compagnie, c'est déjà une outrecuidance importante, mais alors si c'est pour prendre les choses que l'on dit à son compte, alors là, c'est foutu.

G.D. — Vous n'êtes donc pas partisan de l'autofiction sur scène ! Et tous ces acteurs qui mettent leur propre personne avant le personnage et qui triomphent parfois, car le public vient les voir pour cela, qu'en pensez-vous ?

M.B. — C'est horrible, cela.

G.D. — Et le public est dupe ?

M.B. — Ça dépend quel public. Oui, il y a des spectateurs qui peuvent s'en satisfaire. Le public de la plupart des *one-man shows*, qui ne sont pas du théâtre. C'est du cirque, et encore…

G.D. — Mais est-ce qu'il n'y a pas aussi la question de la dimension publique de l'acteur, qui est devenu un personnage médiatique ? Ce n'était sûrement pas autant le cas avant… Aujourd'hui, le système impose aux acteurs de faire la promotion, de se rendre à la télévision, de faire un travail de représentant de commerce, pour ainsi dire. Et cette représentation disperse, donne une fausse image de la réalité du métier de comédien. Du coup, on a moins le temps de travailler autant en tant qu'acteur, travailler en profondeur. C'est une pente dangereuse en tout cas.

M.B. — Non, ce sont simplement des questions d'éthique personnelle. J'ai pris garde, en ce qui me concerne, à préserver une certaine distance avec les médias, une discrétion, à ne pas être distrait de la seule chose qui importe à mes yeux : ma relation aux auteurs.

Avril 2014

11

N'est pas Rimbaud qui veut, n'est pas Raimu qui veut

G.D. — Nous avons beaucoup parlé, lors de nos précédents entretiens, des auteurs auxquels vous avez été le plus fidèle (Molière et Ionesco) mais il en est tant d'autres importants que vous avez joués (de Samuel Beckett à Harold Pinter, de Denis Diderot à August Strindberg, de John Osborne à Per Olov Enqvist, de Romain Weingarten à Yasunari Kawabata). Quels sont les auteurs qui vous restent aujourd'hui, qui continuent de vous accompagner, en marchent à côté de vous dans la rue ? Quels sont vos fantômes ?

M.B. — Tous sont importants, tous sont encore là. Strindberg par exemple, quelle merveille ! Mais, vous savez, il y a des pièces extraordinaires à foison. Les grands auteurs contiennent l'univers, ce qui absolument miraculeux pour moi. Ils sont arrivés à dominer le monde.

G.D. — Et Harold Pinter ?

M.B. — Oh, Pinter, immense ! Parmi les plus grands. Aux côtés de Shakespeare. J'ai joué quatre pièces de Pinter, textes qu'il a voulu que je joue. Il m'appréciait, je crois, mais était dégoûté par les mises en scène qui étaient faites de ses pièces. Il me disait : « Mais Michel, pourquoi ils ont fait ça ? J'ai écrit deux pages de texte qui m'ont coûté cinq jours de réflexion pour le décor de *L'Anniversaire*. Et le metteur en scène met un décor de tragédie grecque ! J'ai précisé que le décor était une petite chambre d'hôtel à Bristol. J'ai décrit le dessus de lit en tricot… Et il installe la pièce dans un décor de tragédie. On n'y comprend rien ! » C'est Claude Régy qui faisait la mise en scène. Pinter était furieux, furieux …

G.D. — Souvent les décors peuvent provoquer des catastrophes, handicaper les acteurs…

M.B. — Quand j'ai joué *No man's land* aussi, c'était insensé. On faisait du luxe, là où il s'agissait, dans les pièces, de petits hôtels miteux. Souvent les décors sont des contresens sans nom.

G.D. — C'est drôle parce que Pinter, que je considère comme un des plus grands auteurs du XXe siècle, un de ceux qui ont fait avancer le théâtre, n'était plus tellement joué ces dernières années, et puis, là, de manière assez inexplicable, il revient un peu à la mode dans le théâtre : Denis Podalydès, votre ancien élève du Conservatoire, joue *Trahisons*. Gérard Desarthe monte *Ashes to Ashes*…

M.B. — Ah, Denis Podalydès doit être très bon là-dedans. C'est un répertoire pour lui. Denis avait joué un Thomas Bernhard en cours au Conservatoire avec moi : *Les apparences sont trompeuses*. C'était magnifique.

G.D. — Vous avez de beaux souvenirs de vos années de professeur au Conservatoire, de vos élèves ?

M.B. — Oh oui ! Denis, par exemple, était un élève déjà particulièrement révélé. Dans l'exercice de son métier, il travaillait comme un acharné. Avec une intelligence exemplaire, main dans la main avec les auteurs. Mais j'avais coutume de dire qu'au Conservatoire, ce sont les auteurs qui sont les véritables professeurs, ce sont eux qui forment les acteurs. Moi, je ne faisais qu'accompagner les élèves dans leur chemin.

G.D. — Y a-t-il d'autres élèves qui vous aient autant marqué ?

M.B. — Oui, j'ai eu des surprises étonnantes. J'ai revu d'ailleurs un de mes anciens élèves récemment, lors d'une émission télévisée, Christophe Lambert, qui était venu avec Muriel Robin. Ils ont été absolument adorables. On s'est retrouvés là comme si on s'était quitté hier, alors que je ne les avais pas revus depuis très longtemps. C'était très étrange. Deux carrières très différentes, mais faites, pour l'un comme pour l'autre. Comme si les cours que je leur avais donnés au Conservatoire avaient été nécessaires. Et cela m'a fait très plaisir.

J'ai eu Christophe Lambert pendant deux ans au Conservatoire. La première année, il n'avait rien passé, je le laissais faire… Et à la fin de l'année, au moment des concours, je lui ai dit : « Écoute, Christophe, il faut quand même que je t'écoute une fois, c'est mon devoir. » « Oui, mais sans les autres », m'a-t-il répondu. J'ai accepté et je lui ai dit que je viendrai au prochain cours une heure avant. « Au lieu de neuf heures, je viendrai à huit heures, amène ta réplique, et on sera tranquilles pendant une heure. » Il m'a passé une scène de *Caligula*, et je l'ai trouvé vraiment très bien. Et je lui ai dit : « Tu vois, on a gagné notre année… On n'a pas perdu notre temps. »

G.D. — Et c'était la première fois que vous le voyiez jouer… Il était très timide alors ?

M.B. — Oui, c'est drôle, hein, comme rapport avec un élève ! Mais les élèves vous enseignent tout autant que vous leur enseignez. J'ai appris beaucoup en les côtoyant.

G.D. — Il est vrai aussi que tous ceux qui vous ont eu comme enseignant au Conservatoire ont été marqués par la rencontre avec vous et par ce qu'ils ont appris à vos côtés…

M.B. — Et pourtant, on a rigolé plutôt qu'autre chose. Mais c'est peut-être une bonne manière d'être à l'école. Parce que la position de l'acteur est toujours contestée, toujours contestable, jamais honorée. Alors autant s'habituer à prendre les choses avec légèreté très tôt. Ce qui n'empêche pas le travail. La persévérance. Il est important de se rappeler qu'un rôle n'est jamais complètement fait. Un rôle peut vivre, il doit vivre.

G.D. — Vous encouragiez beaucoup vos élèves ? Votre regard était-il bienveillant ?

M.B. — Oui, je pense. Il n'y avait aucun jugement en tout cas, aucune certitude non plus sur comment parvenir à être un bon acteur.

G.D. — Certains professeurs peuvent, il est vrai, faire du mal aux apprentis acteurs en les étouffant dans un cadre ou en les dirigeant de façon exagérément autoritaire…

M.B. — Oui, et puis il faut être honnête. C'est complètement dans le brouillard, tout ça… L'art de l'acteur. Alors autant le savoir dès le départ.

G.D. — Ce qui me dérange parfois face à certains professeurs, c'est quand on enseigne des façons de jouer. Cela peut être fatal pour un élève…

M.B. — Et en plus, c'est complètement idiot.

G.D. — Le jeu dépend de quel auteur on joue, comme vous l'avez toujours dit.

M.B. — Tout à fait. Et puis, le personnage et l'auteur sont deux énigmes qui se suffisent à elles-mêmes, il n'y a pas besoin d'en rajouter d'autres. Pour en revenir aux élèves, certains se sont révélés après le Conservatoire, et d'autres qui étaient brillants à mes yeux ont foutu leur carrière en l'air par la suite…

G.D. — Il y a donc vraiment des acteurs qui se gâchent avec le temps ?

M.B. — Oh, c'est très vite fait !

G.D. — À quoi est-ce dû selon vous ? Au hasard, à des choix, des décisions qui ne sont pas prises, à des rencontres qui ne sont pas faites ?

M.B. — C'est dû à une absence de discipline de vie. Tout simplement. Il est nécessaire de mener une vie normale pour être acteur, ne pas se perdre dans les excès. Trop d'acteurs se prennent pour Rimbaud. On n'est pas Rimbaud ! Un poète comme Rimbaud peut se permettre d'avoir une vie bizarre et déréglée. L'acteur, non. Il doit avoir une discipline terrible. Mais même avec une discipline de fer, on en vient à dire des bêtises et à dériver. C'est un métier très dangereux. Car si l'on veut rester trop humble, ce n'est pas bon, et si l'on veut être le contraire, ce n'est encore pas bon. C'est très difficile : il faut rester dans une norme qui n'est pas la norme. L'équilibre est fragile.

G.D. — C'est vrai que beaucoup d'acteurs se perdent dans les excès (alcool, drogue ou addiction en tout genre…), la souffrance. Les épreuves de ce métier ne les épargnant pas.

M.B. — Il y a beaucoup d'appelés et peu d'élus. N'est pas Raimu qui veut. Ce n'est pas parce qu'on vous dit que vous allez être Raimu que vous le serez. Non, non… Ou Michel Simon. Ou Louis Jouvet. Il faut une conscience très forte pour être acteur, pour pouvoir admettre d'être ridicule et grand dans le ridicule, ou au contraire arriver à être héroïque. Ce n'est pas facile… Parvenir à être Monsieur tout le monde, comme le théâtre contemporain le demande, n'est pas facile non plus. Il faut garder une conscience en éveil tout le temps et avoir le désir, la volonté de *servir* : c'est-à-dire se réfugier dans la pensée de l'auteur, et ne pas trop faire confiance à ce qu'on va inventer. C'est mauvais, cela. Dans la pensée de l'auteur, on trouve tout. L'acteur est aussi contraint de faire avec soi, ce qui est très compliqué : arriver à hausser la petite chose qu'on est à la pensée d'un personnage créé par un auteur. Il y a un long chemin à faire…

G.D. — Et on n'y arrive pas toujours…

M.B. — Non. C'est pour cela que j'aime beaucoup jouer les pièces très longtemps. On ne trouve pas tous les rôles, il y en certains qu'on massacre. Forcément. Ce n'est pas commode de faire aller sa nature avec ce que demande un rôle. Ce n'est pas toujours tellement évident. Comme on dit, il y a des rôles qui sont faits pour vous, et d'autres qu'on ne peut pas jouer… C'est vrai. On n'en a pas la complexion, les spectateurs ne peuvent pas y croire.

G.D. — Vous disiez pourtant que les grands acteurs peuvent tout jouer.

M.B. — Oui. Je suis comme Alceste : ce que je dis est plein de contradictions. Pas forcément juste. Mais ce sont des intuitions disparates quant à notre métier. On tâtonne dans le noir, vous savez. Notre métier s'apparente à de la poussière. On arrive à des intuitions concluantes au bout de vingt, trente, quarante ans. Et encore, on n'y arrive pas vraiment. L'art dramatique est un art qui n'existe peut-être pas. On le fait exister à la longue, à force de se faire du souci avec cela. Ce n'est pas vraiment un art codifiable, comme la musique et la peinture. En fait, l'acteur est perdu face à cette idée de l'art. On lui dit : « il y a un art là-dedans ». Mais, pourquoi y aurait-il un art ? Il y a la beauté des textes, ça c'est sûr, mais les textes existent par eux-mêmes.

L'acteur est au service mais n'apporte rien aux pièces, ne crée rien. Il restitue l'essence du texte, ce qui est à la source d'un grand texte et l'âme qui a donné forme à cet assemblage de mots. Alors est-ce qu'on peut parler d'« art » quand on n'est que le serviteur de l'auteur, projetant ses textes avec le plus de fidélité possible ? Je ne sais pas. On est perdu en quelque sorte, on essaie d'être à la hauteur de ce qui est écrit. Mais on patine, on ne sait pas très bien comment faire, alors on fait trop… Et c'est en enlevant petit à petit la présence de soi-même, en se persuadant qu'il n'y a pas d'art, que peut-être il y a une chance de parvenir à l'existence de ce qu'on appelle l'art dramatique.

J'aime cet art qui n'existe pas.

12

Jean Anouilh – Un théâtre d'insectes

M.B. — J'aimerais m'entretenir avec vous d'un auteur qui a son importance pour moi : Jean Anouilh. Je ne sais pas ce qu'il signifie pour votre génération mais je sais que j'ai beaucoup aimé les personnages d'Anouilh, car j'appréciais le minimalisme dans son écriture, qui décrit ce qu'il y a de plus résidu dans un individu. Quand je disais des choses comme ça à Anouilh, il s'énervait, il se mettait en rogne contre moi. À la fin, nous nous sommes fâchés sérieusement d'ailleurs. Je lui disais : « Votre théâtre est un théâtre d'insectes. Ce sont des petites gens. On monte vos pièces comme s'il s'agissait de gens normaux, alors que ce sont des gens en état de faillite définitive. Comme des insectes. » Si on montait Anouilh comme cela, ce serait magnifique. Mais il ne comprenait pas ce que je lui disais. C'était pourtant un homme intelligent et un artiste. Il y a des pièces magnifiques de lui. Il est de bon ton de dire aujourd'hui que ce n'est rien. Moi, je ne trouve pas.

G.D. — Ses pièces résistent encore selon vous ? Elles n'ont pas vieilli ?

M.B. — Non, à condition qu'elles soient montées et jouées comme elles doivent l'être. Ce théâtre, qui n'est pas d'une grande valeur littéraire, est très étonnant à partir du moment où l'on représente les personnages qui le peuplent comme des gens minables.

G.D. — … représentant une certaine médiocrité de l'âme humaine ?

M.B. — Oui, parce qu'Anouilh ne traite pas cette humanité sur le mode comique. Il ne la représente pas comme Labiche ou Feydeau, de manière cruelle ou burlesque. Anouilh met en scène la poussière d'individu. Son théâtre est beau à cause de cela. Tout ne se vaut pas évidemment, mais vous n'avez qu'à creuser un peu… Des pièces comme *L'Orchestre* sont magnifiques. J'ai encore relu *L'Arrestation* récemment, ça n'a pas vieilli du tout. J'ai joué cinq ans de ma vie Anouilh, j'ai toujours été d'accord pour le jouer. C'est un auteur du médiocre, mais il en a bien le droit. Derrière ce médiocre, il y a tout l'humain et la valeur du médiocre, qu'il n'oublie pas.

G.D. — Peut-être est-ce à cause de cette médiocrité que le théâtre de Jean Anouilh n'est plus tellement considéré aujourd'hui… On l'aurait confondu avec ce qu'il brocardait, ou du moins ce qu'il peignait dans ses pièces.

M.B. — Oui, il y a sûrement un malentendu. Que le médiocre vienne au théâtre, je trouve cela très beau, nécessaire même. Puisque le médiocre fait partie de la vie. *Antigone*, que j'ai vu pendant l'Occupation, c'était extraordinaire ! Monelle Valentin, compagne d'Anouilh qui jouait Antigone, était sublime. Je n'en ai pas vu beaucoup de sublimes. J'ai vu Mme Segond-Weber et Monelle Valentin. Ça apportait beaucoup à Anouilh, cette interprétation à la Piaf que Monelle Valentin avait, une interprétation presque sacrilège par rapport à ce qui pouvait paraître acceptable, attendu.

G.D. — Pourquoi parlez-vous d'une interprétation à la Piaf ?

M.B. — Tout était, comment dire… éprouvé, avec intensité… comme si elle était chez le dentiste avec un mal de dents terrible qu'elle nous faisait partager. « J'ai mal aux dents, j'ai mal aux dents… » On y croyait absolument. C'était très impressionnant. « On n'a pas le droit de faire ça à mes frères », disait-elle, et il était impossible de ne pas la croire. C'était éprouvé totalement. Quand j'ai revu *Antigone* par la suite, avec d'autres interprètes, j'ai trouvé la pièce moins belle qu'avec elle. Avec elle, la pièce était transcendée.

G.D. — Il faut des interprètes à la hauteur pour ce théâtre ?

M.B. — Il faut toujours des interprètes à la hauteur. Malheureusement c'est très difficile de parvenir à certains sommets… Et s'il n'y a plus d'interprètes, les pièces tombent dans l'oubli. Même si l'on peut encore les lire…

G.D. — Vous qui êtes assez pessimiste, pensez-vous que les chefs-d'œuvre demeurent en dépit de tout ? Car s'il est des pièces disparues magnifiques que l'on redécouvre, d'autres sombrant inexorablement dans l'oubli…

M.B. — Bien sûr. On ne joue pas les pièces de Voltaire, par exemple…

G.D. — Mais peut-être a-t-on raison…

M.B. — Ça… Encore que… Je n'ai pas relu Voltaire depuis longtemps. Mais pour en revenir à Anouilh, tous les jeunes des cités, tous les *wesh wesh* qu'il a mis en place dans son théâtre, ils existent maintenant et ils n'existaient que dans son théâtre. Il a été visionnaire ! Dans *Roméo et Jeannette*, que j'ai joué à mes débuts, j'interprétais le frère de Jeannette, qui est un *wesh wesh* de maintenant. J'ai revu il n'y a pas longtemps le film *Pattes blanches* de Grémillon avec le scénario d'Anouilh, et j'ai été surpris de revoir un personnage de maintenant : un *wesh wesh*, un type capable de tuer demain n'importe qui. Plus qu'un voyou, une ordure sacrée, une personnification du mal qui triomphe avec sa bêtise. C'est un rôle phénoménal.

G.D. — Même si vous n'êtes pas auteur, vous avez vraiment le sens de la formule. À ce propos, y a une phrase de vous qui m'avait redonné du courage quand je l'avais lu : « Avec le temps, le travail est correctif des injustices. »

M.B. — Ça c'est sûr, sûr, sûr. Même pour une période comme celle-ci, qui est et sera une période effrayante. Il va nous tomber sur la tête tellement de choses, qu'on va avoir beaucoup de mal à s'en sortir. Mais même dans ces temps-là, ça n'a pas d'importance. Il faut arriver à la perfection, ou alors tenter d'y arriver. Du moment que l'on garde certaines positions qui consistent à comprendre l'auteur, tout attendre de lui, tout lui demander, rien à la mise en scène. Il ne faut pas écouter les metteurs en scène !

G.D. — Vous êtes quand même bien radical…

M.B. — Il ne faut pas non plus trop tenir compte de ce que je dis… À ma manière, je suis un peu un anarchiste, une sorte de terroriste du théâtre …

G.D. — Mais ne pensez-vous pas tout de même qu'il est des injustices irréparables ?

M.B. — Non. Le travail fait tout. Je ne crois qu'au travail. Il s'agit de trouver les gens qui vont être de votre nature, de votre complexion, travailler ensemble avec deux ou trop chaises, au service de l'auteur, avec discipline, tout rentrer dans sa tête. Comme je le disais autrefois, il faut

« *manger la tête de l'auteur* », pour devenir même supérieur à lui. Mais dans sa tête.

G.D. — C'est-à-dire, comme dans le cas d'Anouilh, savoir des choses que l'auteur ne sait pas lui-même sur son œuvre, comprendre mieux que lui quelle est son œuvre ?

M.B. — Oui. Quand j'ai dit en public ce que je pensais du théâtre d'Anouilh, il est devenu fou de rage. Il avait envoyé une lettre à la télévision, en m'insultant presque, en disant des choses très désagréables. Et il avait signé « Jeannot » ! Chose qui chez lui était insensée. Après une lettre pour me remettre à ma place. Comme une familiarité de père à fils. Il s'était repris à la fin pour signer « Jeannot ». Tout est charmant chez lui quand même, car il ne peut pas s'empêcher de signer « Jeannot ».

G.D. — Et vous vous êtes réconciliés ?

M.B. — Oh oui. Mais il était outré par certains traits de caractère qui sont les miens. Surtout par la formule que j'ai eue : « un théâtre d'insectes ». Il croyait qu'il faisait le même théâtre que Molière. Alors que non. Ce qui est magnifique chez lui, c'est l'infiniment petit. C'est un théâtre très intéressant, quand il est appréhendé de cette manière. Il ne faut surtout pas faire de ses personnages des héros, ce sont des gens minables ! La dernière pièce qu'il ait écrite, *Le Nombril* est une pièce magnifique. *Léocadia* aussi… Et *Bitos* est une pièce avec un personnage qui restera. C'est du petit théâtre, un peu comme le théâtre de mélodrame. Anouilh, c'est le classique du théâtre de mélodrame. Un peu comme les pièces d'André Roussin d'ailleurs. Mais Anouilh est plus sincère et plus important pour moi que Roussin. N'oublions pas que des acteurs très importants ont joué l'œuvre d'Anouilh : Pierre Fresnay, Jean Vilar ou Georges Pitoëff, qui était loin d'être un imbécile… Je me souviens d'ailleurs qu'Anouilh m'avait dit un jour : « Le plus grand acteur que j'ai vu dans ma vie, c'est Pitoëff, dans *Le Voyageur sans bagages.* Je ne l'oublierai jamais. »

G.D. — J'ai participé au film d'Alain Resnais, *Vous n'avez encore rien vu* qui a été écrit à partir de deux pièces d'Anouilh réunies : *Eurydice* et *Auteur, cher auteur !* La partie *captation* était assurée par Bruno Podalydès et nous avons pris un grand plaisir à jouer les dialogues et les situations d'*Eurydice.* J'étais assez surpris, je dois le dire, par la vitalité de ce théâtre et par son art de tirer les grands mythes à une réalité quotidienne.

M.B. — Oui, chez Anouilh, la tragédie est minuscule… Et c'est bien ce qui me touche.

13

La lecture des contemporains et des poètes

G.D. — Qu'en est-il des auteurs contemporains ? Vous arrive-t-il de lire des pièces écrites aujourd'hui ?

M.B. — Non je n'en lis pas beaucoup. Je le regrette parfois… J'aime beaucoup Beckett, qui est resté pour moi comme le père du répertoire contemporain. Son théâtre est mystique, absolument pas anecdotique. Bien sûr, il y a encore des écrivains aujourd'hui qui sont intéressants, s'apparentant pour moi à des auteurs comme André Roussin ou Armand Salacrou : des petits maîtres… J'ai joué pour une tournée en Amérique du Sud *L'Inconnu d'Arras* de Salacrou. J'avais très peu de temps pour le jouer, je savais à peine le rôle. J'ai été étonné par la facilité avec laquelle je retenais le texte en l'ayant simplement à peine travaillé. Et le texte venait à mon secours, ce qui est rarissime. Je me suis dit : « Ça doit être un auteur formidable, car il vient à mon secours, il m'aide. » Très curieux. C'est la seule fois où ce genre de choses m'est arrivé.

G.D. — Le public est souvent fasciné par la mémoire d'un acteur. Vous avez des facilités pour apprendre les textes ? La mémoire est-elle chez vous un atout ?

M.B. — Non, et de moins en moins. Je n'ai pas de mémoire, je dis et redis mon texte tout le temps.

G.D. — Et dans votre jeunesse ?

M.B. — Je n'ai jamais eu de véritable facilité. Ç'a toujours été une peine, un combat que de mémoriser des textes. Une épreuve. J'avais tendance à avoir d'énormes trous.

G.D. — Comment se relever de ces gouffres en public ? Comment appréhendez-vous les trous ?

M.B. — Impossible à appréhender. Ce sont des accidents terribles. C'est comme se casser une jambe… J'ai eu un trou terrifiant et mémorable au Festival d'Avignon lors d'une représentation d'*En attendant Godot*, mis en scène par Krejca. En pleine Cour d'Honneur du palais des Papes. Vous ne pouvez pas imaginer les nuits d'angoisse après pour tenir sur les autres représentations… J'aime mieux que tout ça soit derrière moi que devant. Pourtant, j'adorais le rôle de Pozzo. Krejca me disait : « C'est inouï, ce rôle ! » Les répliques sont quand même insensées : « La route est à tout le monde, c'est une honte, mais c'est ainsi ! » « Plus vite, plus vite, arrière ! » Ce rôle constitue une folie totale.

G.D. — Pour le coup, ce n'est pas un petit personnage !

M.B. — Oh là, non, on n'est pas chez Anouilh !

G.D. — Anouilh qui, à la création d'*En attendant Godot*, écrivait que la pièce s'assimilait aux « Pensées de Pascal jouées par les Fratellini »...

Pour en revenir à la lecture, vous n'êtes pas seulement un lecteur de théâtre, mais aussi et surtout un lecteur de romans. Je crois que vous aviez dévoré, quand ils sont parus, des romans tels que *Le Roi des Aulnes* de Michel Tournier ou *Le Bavard* de Louis-René des Forêts. Lisez-vous toujours des romanciers contemporains ? Je sais que vous avez lu sans déplaisir certains romans d'Haruki Murakami.

M.B. — J'aime beaucoup Murakami, son univers, son imaginaire... Il y en a un autre qui me surprend toujours : Imre Kertész. *Le Refuge* est un livre magnifique, qui m'a accompagné longtemps après sa lecture.

G.D. — Alors vous gardez votre curiosité intacte ?

M.B. — Je reste curieux, je lis beaucoup, mais je dois faire attention à ce que mes lectures ne débordent pas sur mon travail, ne mangent pas ce que je fais au théâtre, veiller à ne pas me laisser distraire. En ce moment, je relis beaucoup Ionesco. Si je joue Ionesco, je suis toujours le nez dans ses livres. Quand je joue un auteur, je lis et relis toute son œuvre.

G.D. — Pour ce qui est de Murakami, ce qui est étonnant, c'est que sans avoir un style stupéfiant, il crée un monde très singulier où tout paraît possible, toutes les potentialités…

M.B. — À ce titre, *Kafka sur le rivage* est un livre admirable. On ne sait pas, en effet, comment c'est fait. Parce que c'est tellement simple ! Il n'y a pas tellement de travail littéraire, mais l'inspiration est magnifique. Le traitement tout simple en littérature peut être une bonne chose aussi.

G.D. — Avec le fantastique qui s'insinue de manière très naturelle dans le quotidien…

M.B. — J'ai aussi été très impressionné par le livre *Underground* qu'il a écrit autour des attentats de la secte Aum dans le métro japonais. Un recueil de témoignages et d'interviews. L'auteur ne fait que retranscrire les témoignages, mais l'assemblage de tout cela fait un livre extraordinaire. Murakami est malin comme un singe !

G.D. — Que voulez-vous dire ?

M.B. — C'est très malin de dire que, dans notre époque, tout ce qui vient du commun est important, et de l'inscrire dans un roman. Murakami donne la priorité au commun, à l'accident. Il est noble d'être victime d'un accident, et Murakami le sait. Il transcrit ce que les gens disent, c'est tout, et l'assemblage nous donne un reflet exact du sentiment actuel de notre monde aujourd'hui. Le malheur des gens qui va arriver en France va être affreux. Il n'y aura plus d'argent, la guerre civile, le terrorisme… il faut s'attendre à tout… Et tous ces gens qui vont subir ce malheur vont devenir des héros. Et ça, Murakami le sait.

G.D. — Les grands auteurs ont une longueur d'avance sur ce qui va se passer ?

M.B. — Toujours. Ils ont une longueur d'avance. C'est pour cela que je tiens la littérature en si haute estime.

G.D. — Murakami possède un art redoutable de la construction, l'architecture de ses romans est extrêmement musicale. Ne pensez-vous pas que tant qu'il y a des auteurs de cet acabit, quelque chose continue et se perpétue dans la littérature ?

M.B. — Mais bien sûr.

G.D. — Je voudrais revenir sur cette période où vous avez lu et interprété de nombreux poètes à la radio (Supervielle, Cendrars, Michaux, Baudelaire, Hugo…) pendant une trentaine d'années, me semble-t-il. Que vous reste-t-il de la fréquentation de ces poètes ? La radio a-t-elle été importante pour vous ?

M.B. — Fondamentale. C'est une des périodes les plus importantes de ma vie. Tout ce que j'ai appris, je l'ai appris là. À la libération, André Malraux et d'autres auteurs qui m'aimaient beaucoup m'ont demandé de lire leurs œuvres à la radio. J'ai participé à des émissions de six mois par exemple avec Jules Supervielle sur la poésie du XVe siècle et du XVIe siècle, celles qu'il affectionnait le plus. Après cela, j'ai fait quantité d'émissions pendant dix, quinze ans. Des émissions fantastiques. J'ai gagné beaucoup d'argent d'ailleurs.

G.D. — Grâce à la radio ?

M.B. — Mais oui, beaucoup plus qu'au théâtre ! Car j'étais à la radio du matin au soir, de 9 heures à 19 heures, avant de partir pour aller jouer au théâtre. Donc toute mon éducation artistique, littéraire, s'est faite là.

G.D. — Vous y avez plus appris qu'au Conservatoire ?

M.B. — Beaucoup plus. J'ai travaillé avec Henri Michaux aussi. Fantastique ! « Je vous construirai une ville avec des loques, moi. Je vous construirai sans plan et sans ciment un édifice que vous ne détruirez pas. Et qu'une espèce d'évidence écumante soutiendra et gonflera, Qui viendra vous braire au nez… » *La nuit remue*, c'est magnifique. J'avais ces textes-là à dire, devant lui ! J'étais crucifié presque à devoir les dire. Mais il fallait les dire. J'ai fait un 45 tours chez Pierre Seghers/Adès.

G.D. — On apprend beaucoup des poètes… Je travaille en ce moment sur Robert Desnos, qui est pour moi un des grands poètes du XXe siècle, pour un spectacle que je vais monter au Théâtre de Chaillot. Ne pensez-vous pas que le théâtre s'enrichit considérablement en s'imprégnant de poésie ?

M.B. — Bien sûr. C'est formidable que vous travailliez sur Desnos. En lisant la poésie, en s'en imprégnant, on travaille sur la langue et on devient meilleur acteur, je crois. La langue des poètes est un terreau à nul autre pareil, elle fait aimer profondément les mots. Il y avait ce vers de Michaux qui m'avait époustouflé : « Ensuite, elle fut prise dans l'opaque. » Il a écrit cela à la mort de sa mère. « Prise dans l'opaque »… Après cela, que peut-on dire ?

G.D. — Et René Char, vous l'avez croisé ?

M.B. — Oui… Mais c'est une poésie plus intellectuelle pour moi. Je préfère Michaux, parce que c'est plus charnel. J'aime moins quand c'est intellectuel. Mais on parle de Michaux, il y en a tant d'autres : les poètes de la résistance, Jules Supervielle, Louis Aragon, René-Guy Cadou, l'école de Rochefort, l'école orléanaise… Et je disais tous ces poètes du matin au soir à la radio pendant des années. Donc cela m'a formé, c'est sûr. Il vaut mieux lire les poètes que les auteurs dramatiques, pour comprendre par la suite les auteurs dramatiques.

G.D. — J'ai l'impression que les poètes se font moins entendre aujourd'hui, alors qu'on aurait cruellement besoin d'eux. Ou peut-être est-ce l'époque qui n'est pas très propice à la poésie ?

M.B. — Oui, parce qu'il manque la souffrance. Il faut que la souffrance se manifeste puissamment pour que les poètes existent. La bêtise règne de manière inimaginable dans cette époque qui est la nôtre. C'est ce que je ressens en tous les cas. C'est inimaginable que l'on soit tombé à ce degré de bêtise. Mais c'est salvateur aussi. Parce qu'il va y avoir un jour où les gens vont s'en rendre compte. Et la souffrance reviendra. Et avec elle, le désir de poésie.

J'ai malheureusement l'impression que tout ce dont on parle ne paraît plus avoir aucune raison d'être. Parfois, quand je regarde le monde d'aujourd'hui, j'ai l'impression d'être dans un bateau qui sombre. Mais peut-être ce naufrage est-il nécessaire.

14

L'accouchement de l'acteur

G.D. — Depuis que je vous connais, Michel, et à chaque fois que je vous rencontre, je suis troublé, car vous me semblez être à la fois ici et ailleurs, complètement dans le présent et dans le même temps étrangement à distance, comme appartenant à une autre époque, dans la filiation des acteurs de la première moitié du XXe siècle que vous m'évoquiez : Mme Segond-Weber, Charles Dullin, Louis Jouvet... Comme eux, vous reprenez des rôles avec constance, vous affinez votre technique, vous retrouvez des pièces, vous polissez votre instrument. Avez-vous plus appris en voyant jouer ces acteurs-là qu'en étant élève de Beatrix Dussane ou de Maurice Escande ?

M.B. — Oh, j'ai appris des choses de Dussane quand même. Elle était à l'écoute et très bienveillante, toujours là pour ses élèves. Elle nous permettait de nous ouvrir, elle nous offrait son attention.

G.D. — Et Maurice Escande ?

M.B. — Escande a été très important pour moi. Il m'a révélé, il m'a projeté acteur. J'étais dans la banque, en pleine Occupation, je faisais des paquets au service de la Loterie nationale, au Crédit du Nord, rue des Mathurins, et je suis allé le voir un matin. J'ai descendu le boulevard Malesherbes au lieu d'aller à la messe de l'Église Saint-Augustin. Je me suis rendu chez Escande comme s'il représentait un dernier recours. J'avais lu dans le bottin son adresse et noté sur un petit bout de papier : Maurice Escande, 190 rue de Rivoli, à la Concorde. Je l'avais vu au Théâtre-Français. Il jouait Louis XV dans *Madame Quinze*, une pièce de Jean Sarment, avec Dussane aussi justement. Et je m'étais dit « Il a l'air gentil, bienveillant ». Donc, j'y suis allé. J'ai monté et descendu deux, trois fois les étages et j'ai eu le courage de sonner quand même. Une femme de chambre était là et m'a demandé : « Vous venez pour quoi, monsieur ? Le maître est là. Mais vous venez pour quoi ? » Et moi, de lui répondre : « C'est pour faire du théâtre. » Elle va le voir et j'entends alors la voix d'Escande : « Faites entrer ce jeune homme. Qu'il m'attende au salon, parce que je dois me préparer pour aller au cours. » Je patiente dans le salon, mort de trac, et Escande me fait : « Vous êtes là, oui ? Alors comme ça, vous voulez faire du théâtre ? Vous voulez être acteur ? » Je dis : « Oui, monsieur. » « Bon, bon, dans ce cas… Vous avez préparé quelque chose ? » « La tirade des nez dans *Cyrano de Bergerac*. » « Bon, eh bien allez-y, dites-le. » Et j'ai commencé comme ça, tout seul dans son salon, à dire : « Ah ! non ! c'est un peu court, jeune homme !/ On pouvait dire… Oh ! Dieu !… bien des choses en somme/ . En variant le ton, — par exemple, tenez :/ Agressif : « Moi, Monsieur, si j'avais un tel nez,… etc. » Il m'écoute, puis me dit : « Oui… Eh bien vous avez une bonne voix, dites donc, et une bonne articulation ! C'est quand même assez rare, parce qu'elle est naturelle. C'est très bien, mais vous n'auriez pas quelque chose de plus approprié à votre âge, à vos possibilités ? » Je lui réponds timidement : « J'ai *La Nuit de décembre* de Musset. » « Allez-y, dites-le. » Je me lance alors : « Du temps que j'étais écolier,/ Je restais un soir à veiller/ Dans notre salle solitaire./ Devant ma table vint s'asseoir/ Un pauvre enfant vêtu de noir,/ Qui me ressemblait comme un frère… » Il sort de sa chambre, habillé dans son manteau en poil de chameau et me dit : « Écoutez, c'est bien, c'est très bien… Je vais à mon cours là. Venez avec moi ! » « Je ne sais pas, Monsieur… », fais-je timidement. Il insiste : « Venez, venez ! Vous verrez comment ça se passe. » Et je le suis, on remonte l'avenue de l'Opéra, on passe devant la Kommandantur – on était en pleine Occupation –, on arrive au théâtre Édouard VII, boulevard des Capucines, square Boudreau, et il me dit : « Mettez-vous là au dernier rang, et vous verrez ce que c'est qu'un cours. » Je me mets là, je vois l'heure passer et m'inquiète : « Ma mère va se faire du souci. » Mais j'assiste au cours, et voici la première pensée qui m'est venue à l'esprit : « Mon Dieu, tous ces jeunes gens sont là, ils ont la chance de pratiquer cet art et ils ne font que cela. Ils plaisantent et ne prennent pas ce métier au sérieux. Ils ont tort ! C'est quand même un métier sacré… ».

G.D. — Vous possédiez déjà cette conscience-là ?

M.B. — Oui, c'est inné, cela. Mais quand même, voir des gens en scène libres en quelque sorte me paraissait la solution pour retrouver la vie. À la fin du cours, Escande dit à Robert Moncade qui était son élève : « Allez donc chercher le jeune homme au fond. Montrez-lui le chemin pour monter en scène. Il va me dire ce qu'il m'a dit tout à l'heure, mais sur la scène. » Alors Moncade me conduit au plateau et je me mets à trembler – j'étais un gosse –. Le trajet jusqu'à la scène m'a paru interminable, j'étais plus mort que vif. Escande s'adresse à moi : « Redites-moi le poème de Musset. » Et je commence : « Du temps que j'étais écolier… » Et les élèves se mettent à s'en aller, à bavasser entre eux… Un brouhaha terrible. Alors Escande se lève et tonne : « Au lieu de faire les imbéciles et de bavarder entre vous, vous feriez mieux d'écouter et de prendre une leçon ! » Et là, il a coupé le cordon ombilical, il a acccouché de moi en tant qu'acteur. Il a senti que si je partais, je ne reviendrais jamais. J'ai dit mon poème, les larmes me sont venues, les élèves se sont tus et m'ont écouté. J'étais devenu acteur.

G.D. — C'est fondamental, ce genre de rencontres. Que serions-nous sans ceux qui nous adoubent dans le métier et nous permettent de prendre confiance ?

M.B. — Rendez-vous compte ! Et non seulement, il a fait cela, mais après il est venu chez ma mère, au 11, rue

La Boétie. J'étais dans un état épouvantable, en larmes… C'était complètement insensé.

G.D. — Vous étiez très timide ?

M.B. — Très.

G.D. — Vous avez donc eu l'audace des timides.

M.B. — Exactement. Et la suite, c'est vraiment grâce à Escande. S'il n'était pas venu chez moi ce dimanche de mai 1943 pour dire à ma mère « Il faut que ce petit fasse du théâtre ! », Dieu sait ce qui se serait passé.

G.D. — Cela s'est donc passé exactement comme dans *Entrée des artistes* avec Louis Jouvet ?

M.B. — Oui, complètement ! Escande était pour ma mère comme Hermès qui descendait de son char. Elle était complètement pétrifiée. Elle a dit : « Mais je ne peux pas prendre cette décision, Monsieur. Son père est prisonnier de guerre, en Poméranie. Je ne peux pas prendre cette décision, c'est mon mari qui doit la prendre. » Il lui a alors répondu : « Écoutez, Madame, ne vous inquiétez pas, il va rentrer au Conservatoire très vite. Et puis après, il travaillera, et il gagnera beaucoup plus d'argent que maintenant en faisant des paquets… » Et ma mère a accepté. Ce qui fait qu'à une heure de l'après-midi, quand Escande est parti de chez nous, j'étais acteur. Mon destin était réglé.

C'est-à-dire que j'étais dans le noir jusque là, et tout à coup, j'étais à ma place. Du jour au lendemain, en une heure de temps, Escande m'a sacré acteur, et je ne pouvais pas échapper à ma vocation. Et ma première réaction a été de me réfugier dans ma chambre et de me dire : « Maintenant, il faut que je lise ! » Je me suis immergé dans la littérature – les romans russes, Balzac, Zola, Baudelaire, etc. – et j'ai lu, lu et lu. Je me suis entièrement adonné au travail. L'apprentissage de la lecture a été très très compliqué, mais passionnant. Ç'a été une libération. Il pouvait arriver des bombardements... Du fait de la brutalité de l'époque, de l'asservissement devant le pouvoir, cela s'imposait pour moi de jouer. Je me suis dit : « au lieu d'aller demain rue des Mathurins – adieu aux paquets ! – je vais au cours d'Escande. »

G.D. — J'ai l'impression que la timidité est un dénominateur commun de beaucoup d'acteurs, en tout cas à l'origine. C'est d'autant plus étonnant que notre métier est lié à une prise de parole en public, à une représentation de soi, c'est un métier d'audace et d'extraversion dans les rôles.

M.B. — Mais bien sûr, c'est tout le paradoxe. En scène, je suis comme un enfant. Je ne cesse de me dire : « Qu'est-ce qui va m'arriver ? Qu'est-ce qui va m'arriver ? » J'ai gardé la timidité – qui peut être une force – précieusement en moi.

G.D. — Et par la suite, vous avez pu avoir à nouveau de tels coups d'audace ?

M.B. — Oh non, une chose pareille ne s'est jamais reproduite. Le petit commis que j'étais est devenu acteur du jour au lendemain et a ensuite tracé son chemin. Escande a eu l'intelligence de me dire : « Vous allez voir comment se passe un cours. » Et par la suite, il me sacre acteur, sans que je ne lui demande rien ! Il a été miraculeux. Et je ne l'ai même pas remercié dans ma vie. Vous voyez comme on est ingrat. Sans le vouloir, on peut être très injuste. Je ne l'ai jamais remercié. Ce n'est pas bien.

G.D. — Mais vous le remerciez maintenant ?

M.B. — Je le remercie de tout mon cœur, tous les jours. Jouer m'a permis d'échapper à la réalité qui me désespérait : cette terrible période de l'Occupation… J'étais protégé en cours, heureux comme un roi, je donnais réplique sur réplique, à tout le monde. Par la suite, Escande m'a dit un jour : « Méfie-toi du cabotinage. » Et là encore, c'était la chose qu'il fallait me dire. Car je partais comme un feu d'artifice ! « Rappelle-toi bien, méfie-toi du cabotinage. »

G.D. — Aviez-vous d'autres défauts, des faiblesses d'acteurs ?

M.B. — Non pas du tout. J'étais très doué dès le départ. Trop doué. Au contraire, il a fallu combattre mes dons, tenir les rênes. Cette phrase : « Méfie-toi du cabotinage. » m'a choqué, mais elle était juste. C'était la seule menace qui pouvait m'atteindre. J'ai toujours retenu cette phrase qui m'a servi de garde-fou par la suite.

G.D. — Vous vous sentiez sans doute trop libre, en contraste avec la timidité qui devait vous habiter dans la vie quotidienne... Mais la timidité, la réserve ne permettent-elles pas de se centrer sur un plateau ? Car on se réfugie dans les mots, dans les auteurs, dans ce qui n'est pas soi, et on ne met pas sa propre personne devant le texte, devant le personnage.

M.B. — Sûrement. Oui, l'acteur donne tout à l'auteur. Il existe par lui, il n'existerait pas autrement. Il n'a aucun intérêt sans lui, ne représente rien lui-même. Les acteurs croient qu'ils sont quelque chose, ils ne sont rien. Leur personnalité en soi n'est pas très importante, c'est ce qu'ils sont avec l'auteur qu'ils interprètent qui compte.

G.D. — Diderot dans son *Paradoxe sur le comédien* ne dit pas autre chose.

M.B. — Ah, le *Paradoxe*, c'est une bible pour moi. Et ce devrait être la bible de tous les acteurs.

15

La naissance de la vocation

G.D. — En y réfléchissant, qu'est-ce qui vous a décidé à vous présenter un beau jour chez Maurice Escande, à avoir cette intuition que vous pourriez être acteur ?

M.B. — Une force mystérieuse que j'appelle vocation. Vous savez, c'est ce qu'il y a de plus important pour moi dans ce métier. On n'apprend pas à jouer la comédie, on a la vocation ou on ne l'a pas. Si l'on n'est pas élu, il ne faut pas y aller. Si l'on est élu, c'est-à-dire si l'on a la vocation, alors là, on a toutes les chances d'y arriver. L'acteur doit se tenir à l'exigence que demande la chance qu'il a reçue. Avoir la vocation, c'est la seule façon de réussir, il n'y en a pas d'autres. Le don en soi n'est pas très intéressant, c'est souvent un facteur de tromperie. Si on écoute son don, si on lui fait confiance, on est sûr de se casser la figure.

G.D. — Que mettez-vous derrière ce mot que vous employez souvent : vocation ?

M.B. — La vocation est une sorte d'inclination qui nous permet d'être bénis par les dieux. Quelque chose nous protège… Si l'on veut faire ce métier et que l'on n'a pas la vocation, cela ne sert à rien, cela n'a pas d'intérêt, c'est d'une bêtise sans nom. Sous le couvercle de la vocation, vous êtes tranquille.

G.D. — Avec ce mot en tête ?

M.B. — Oui. Le théâtre va vous protéger. Vous êtes couvert, vous avez tous vos aînés qui sont là pour vous aider. Je crois vraiment que c'est une question divine, le théâtre. Depuis l'Antiquité, c'est comme ça… C'est pour ça que l'intuition est plus importante que tout dans ce métier. Pour chaque personne, il y a une vocation, mais il faut que cette vocation prenne la personne entièrement, la possède. Quand on a découvert ce pour quoi on est fait, il n'y a plus de crainte à avoir. La difficulté pour les jeunes gens, pour les adolescents, est de choisir, d'avoir la possibilité de se tromper et de se tromper plusieurs fois, d'arriver à savoir quelle est la véritable vocation que l'on a au fond du cœur. Mais après, c'est la plus belle chose au monde : faire le métier que l'on a choisi, par lequel on se sent appelé.

G.D. — Avez-vous eu des périodes de désert, de vide dans votre vie de comédien ? Parce qu'on regarde souvent une carrière d'acteur de manière rétrospective, et le parcours nous apparaît alors comme impressionnant, sans faille…

M.B. — Oh oui, j'ai eu des périodes de vide terrible. Mais j'avais la radio, qui m'a aidé considérablement, comme je vous l'ai déjà dit. C'est pour cela que je suis tellement contre la radio actuelle qui ne laisse plus aucune place aux poètes.

G.D. — Je serais moins sévère que vous. Il m'arrive régulièrement de participer à de belles fictions radiophoniques et de dire des poèmes à la radio. Il y a l'émission *Géographie du poème*, *Poésie et ainsi de suite*, le *Poème du jour* sur France Culture…

M.B. — Heureusement qu'il reste quelques possibilités, mais de manière très infime par rapport à ce que c'était il y a quarante ans, je vous assure. C'est très important, ce contact avec les grands poètes, les grands dramaturges.

La période actuelle ne compte pas. Un acteur, aujourd'hui, doit vivre avec les poètes, vivre avec les auteurs dramatiques et être indifférent au contexte actuel, qui n'a aucun intérêt. Un morceau de pain suffit. Les carrières, les considérations de ce genre sont inintéressantes au possible. La carrière doit venir d'elle-même. Il y a une carrière pour vous, parce que vous avez la vocation. Il y a un chemin pour vous, et ce chemin est prévu par les dieux du théâtre.

G.D. — Vous croyez à ces dieux-là ?

M.B. — Comment peut-on s'en passer ?

G.D. — Êtes-vous croyant ?

M.B. — Je suis croyant du théâtre, oui. C'est ma seule religion. Le théâtre est une religion de la fréquentation des auteurs. On se préoccupe des autres davantage que de soi. Tous les religieux sont tournés vers autrui et fréquentent des choses qu'ils ne comprennent pas forcément, mais sur lesquelles ils enquêtent inlassablement. Eh bien, c'est la même chose pour l'acteur.

G.D. — Enfant, vous avez été à l'église ?

M.B. — J'y ai été un peu. Mais enfin, je n'avais pas de conviction. J'étais quand même très fasciné par la vie du Christ. Cette vie donnée aux autres.

G.D. — Au service aussi…

M.B. — Oui, j'étais frappé par la Passion du Christ. Le jardin de Gethsémani, le baiser de Judas… Tout cela m'interroge encore beaucoup.

G.D. — Et c'est ce qui fait que vous êtes touché par la peinture vénitienne et religieuse que vous m'évoquiez au début de nos entretiens ?

M.B. — Bien sûr. Cette passion est encore très présente pour moi, elle reste actuelle. Je ne l'ai pas oubliée. En revanche, l'Église aujourd'hui ne m'intéresse pas tant que cela… Le pape actuel fait de la politique. On n'a pas le droit, pour moi, de faire de la politique quand on est pape. Ce n'est pas pensable. C'est sûrement un homme de très grande foi, certainement, mais il n'est pas dans son rôle.

G.D. — C'est moins l'Église que la religion qui vous intéresse ?

M.B. — Ces deux choses ne sont pas au centre de mes préoccupations. C'est le rapport avec Dieu qui m'intéresse, le rapport au divin. Les gens qui s'en mêlent ne sont pas forcément intéressants. Seule la vocation importe. On sent bien, si on l'a ou pas. C'est simple comme bonjour : si vous avez la vocation, tout va bien se passer, vous êtes sûr pour votre vie, tout va être bénéfique. Même les épreuves les plus malheureuses, les plus dures, les plus terribles, vont être des sources d'inspiration et vont vous servir : vous êtes sauvé, vous êtes pris par le métier, il va tout faire.

C'est pour cela qu'il ne faut pas trop parler aux gens, ne pas trop pavaner en société… Il faut rester avec sa foi. Vous êtes protégé, tout ce qui vous arrive est pour le bien. Même les choses les plus douloureuses sont nécessaires. Toutes les vicissitudes vous servent, les ennemis, les peurs, les angoisses… Vous vous sentez accompagné. C'est aussi simple que ça, c'est enfantin ! Mais toutes les choses de l'enfance sont très importantes, à protéger absolument. L'innocence de l'enfant, si loin de l'arrivisme… C'est d'ailleurs ce qui met en rage les envieux : sentir que quelqu'un est protégé. Cette haine de ceux qui nous entourent est scandaleuse. Les gens sont ou tout ou rien, il ne faut pas chercher à comprendre. Je le crois sincèrement, ils sont ou bons ou méchants. S'ils ne sont pas bons, tant pis pour eux, ça n'a pas d'importance. Le plus important est de vivre protégé. Je sais que ce secret de la vocation m'a aidé toute ma vie. C'est magnifique le théâtre, c'est sacré, vraiment sacré…

Avril 2015

16

Ronald Harwood et la mémoire

G.D. — Nous nous retrouvons alors que vous êtes en plein activité, entre répétitions et tournages. Comment appréhendez-vous les difficultés liées à l'âge que vous avez, alors que vous continuez d'exercer votre métier ? Et, tout simplement, comment allez-vous, Michel ?

M.B. — Oh… Vous savez, vieillir n'est pas très drôle, ce n'est pas follement gai. Il faut beaucoup de courage. En même temps, la vieillesse est une délivrance, car elle est l'orée de la mort : on va bientôt être libéré de ne pas comprendre…

G.D. — J'ai appris que vous alliez reprendre la pièce de l'auteur sud-africain Ronald Harwood, *À tort ou à raison*, ce qui m'a étonné, car d'une part, on parle souvent de vos adieux à la scène, et d'autre part, il y a cinq ans, vous aviez failli interpréter Richard Strauss dans *Collaboration* du même auteur. Finalement vous aviez abandonné le rôle…

Je pensais donc qu'Harwood était lié à un souvenir douloureux…

M.B. — Oui… J'ai abandonné à l'époque parce que le rôle ne me convenait pas. Je ne m'en suis pas rendu compte sur l'instant. Mais j'aime beaucoup ce que fait Harwood, et je vois très bien dans ce qu'il écrit ce qui paraît facile et qui ne l'est pas, ce qui est très parfait. Je trouve que c'est un auteur dramatique exemplaire.

G.D. — Pourquoi revenir maintenant à la pièce *À tort ou à raison*, que vous aviez déjà jouée il y a quinze ans ?

M.B. — Eh bien, d'abord parce que je la connais un peu déjà. Et puis, à la réflexion, après avoir joué cette pièce, après l'avoir oubliée, j'ai eu le besoin de la retrouver. Pour le public. Et par respect pour l'auteur, pour son œuvre. Je trouve que c'est une pièce magnifique, qui, de surcroît, a apporté à Harwood le plus de succès.

G.D. — Harwood n'est pas beaucoup joué en France…

M.B. — Non, pas tellement… Mais Harwood a une modestie naturelle, ce qui fait qu'il se joue des tours à lui-même parfois, par manque d'audace tout simplement. Autrement, je crois que c'est un des grands auteurs d'aujourd'hui. Pour revenir à *Collaboration*, fort de l'expérience précédente (*À tort ou à raison*, que j'avais joué avec Claude Brasseur) et ayant trouvé la pièce très belle, j'avais accepté le rôle de Richard Strauss. Je pensais que j'allais m'en sortir. J'ai travaillé avec l'équipe, j'ai vraiment fait de mon mieux. Mais ça ne venait pas. Le rôle m'a résisté. Alors, au bout de trois semaines de répétition, je me suis dit « Non, je ne peux pas faire ça à cet auteur. Sa pièce est belle, elle ne supporterait pas que le rôle de Strauss soit mal interprété. » Donc je me suis retiré. C'est la première fois que cela m'arrivait. Je me suis dit : « Il faut qu'ils trouvent quelqu'un d'autre pour jouer ce rôle. » J'avais eu un doute au départ, j'en avais parlé à Georges Werler, le metteur en scène : « Je ne me vois pas dans ce rôle. Grand bourgeois, raffiné… Ce n'est pas moi ! » Et j'avais raison : il faut être grand bourgeois pour le jouer. Et je ne le suis pas du tout. Mais ç'a été une véritable souffrance d'abandonner ce rôle.

G.D. — Il y a donc des rôles qui résistent au travail ?

M.B. — Ah oui, ça arrive souvent ! Et ce rôle-là est tellement parfait. C'est le bourgeois absolu. Cet homme qui ne perd jamais la raison, qui domine tout par son savoir, sa culture. Il joue beaucoup sur cette supériorité, aussi bien dans sa vie que dans son travail. J'ai cru que je pourrais m'en sortir par une composition, une immersion dans ce monde de la bourgeoisie qui est un monde que je ne méprise pas du tout, au contraire. C'est un monde que je trouve très fort, très intéressant. Et je me suis dit : je vais le montrer. Mais je n'ai pas pu.

G.D. — Mais le personnage de Furtwängler dans *À tort ou à raison* possède aussi un côté bourgeois ?

M.B. — Il l'a, oui, sûrement, mais ce n'est pas la même chose. Il ne vit pas comme un bourgeois, il vit tout autrement, en prenant des risques. Il ne se protège pas beaucoup. Il a un mélange de naïveté et d'audace. Mais il n'est plus naïf à partir du moment où il prend la route pour les étoiles. À ce moment-là, il devient comme un archange. Mais ce fond de naïveté qui l'habite est très important. Il est naïf et en même temps brillant. Et aussi très bête. Il est à la fois un saint homme et un homme couvert de merde.

G.D. — Toujours les contradictions… Et ce rôle vous était venu plus facilement ?

M.B. — Beaucoup plus facilement.

G.D. — La dernière fois que l'on s'est vus, vous m'aviez parlé de la pièce *Avant la retraite* de Thomas Bernhard que vous souhaitiez ardemment reprendre…

M.B. — Oui mais voilà… Je me trouve face à des difficultés de mémoire terribles.

G.D. — Et la pièce *À tort ou à raison* vous restait davantage en mémoire ?

M.B. — Je travaille déjà depuis un mois et demi sur le texte, et j'ai beaucoup de mal. Je l'ai sue, resue. C'est ennuyeux, ça m'inquiète. Mais je sais que j'ai encore quatre mois. J'ai la tournée avant Paris, qui me laisse un temps très conséquent pour savoir la pièce. C'est terrible, parce que le texte s'efface dans la nuit. Je ne prévoyais pas ça du tout. Alors, je suis très étonné. Et je travaille d'autant plus...

G.D. — Les pièces de Molière, Ionesco, Racine, vous restent davantage en mémoire ?

M.B. — Oui, parce qu'il y a une musique. La pièce de Harwood est une pièce traduite, et c'est beaucoup plus difficile.

G.D. — La langue est plus moderne ? C'est le réalisme des dialogues qui vous entrave ?

M.B. — Il n'y a pas la musique. La musique est anglaise et pas française. Dans la traduction française, très remarquable, de Dominique Hollier, le sens y est, tous les sens y sont, mais la musique n'y est pas. Et pour la mémoire, c'est très compliqué. J'ai quatre-vingt-neuf ans quand même.

G.D. — Vous parliez de la naïveté de Furtwängler. Or, je suis venu vous revoir en novembre au Théâtre de Paris dans *Le Roi se meurt* et j'ai eu l'impression que vous vous rapprochiez de plus en plus de l'enfance de l'art, avec une naïveté, une innocence rares. Est-ce conscient chez vous, cette volonté de se rapprocher de l'enfance ? Vous me parliez aussi de Bérenger comme d'un « enfant-homme »... J'ai eu l'impression en vous voyant dans ce rôle, au fur et à mesure des années, que vous touchiez, de plus en plus, un point névralgique du rôle...

M.B. — Sûrement. C'est pour ça que je l'ai joué si longtemps. Huit cent vingt fois dans différents théâtres, ce qui est une épreuve très difficile ! Cadrer un rôle pour un espace particulier, et tout d'un coup, avoir à le changer... La dernière fois que je l'ai fait, je suis passé du théâtre Hébertot au Théâtre de Paris. J'ai pris un risque monumental, de manière un peu inconsciente sans doute, je m'en fichais, cela m'amusait. J'ai fait prendre un risque au spectacle. Je l'ai réussi, donc tant mieux. Mais, tout d'un coup, je suis tombé sur Chaillot !

G.D. — Ce changement d'une salle à l'autre ne vous a jamais fait peur ?

M.B. — Non, j'aime tous les théâtres. Les plus petits, les plus grands, les plus sales, les plus propres. Et toujours, ça influence le jeu. Et comme toutes les grandes pièces, *Le Roi se meurt* se modèle à l'espace dans lequel le texte est jouée. Redisons-le : Ionesco est un homme de théâtre formidable !

G.D. — Êtes-vous content de la dernière reprise ?

M.B. — Ah oui, très. Comme rarement. Cela prenait une ampleur particulière, une sorte de grandeur, même si ça n'a pas été facile au début...

G.D. — Pourquoi ?

M.B. — Le public ne venait pas. Nous avions déjà joué de nombreuses fois. Et ce n'est pas de la faute des directeurs, si le public ne suit pas. Mais heureusement, j'ai mon public de province. Si je n'avais pas mon public de province, je serais fichu.

G.D. — Vous le pensez vraiment ?

M.B. — Ce n'est pas le public parisien qui fait vivre les grandes œuvres. C'est fini, cela. En revanche, en province… Quand j'ai joué *Le Roi se meurt* au Théâtre de Paris, j'ai été surpris. Je me suis dit : Mais pourquoi aller là ? Pour faire plaisir aux camarades du spectacle, j'ai dit : « Bon eh bien, si vous y tenez vraiment, allons-y. » C'est un théâtre très dur, très difficile à remplir. Et puis, en fait, à toute chose malheur est bon. Vraiment. Les premières semaines, on a joué avec difficulté. Il y avait des petites salles. Ce n'était pas trop mal mais enfin… Il faut avoir la modestie bien accrochée au cœur dans ce genre de situation. Comme je suis payé à la recette, je jouais pour assez peu chaque soir. Stéphane Hillel, le directeur du théâtre, m'a dit : « C'est quelquefois pire… Mais oui, je comprends. On va essayer de faire un salaire de base correct pour vous. » Il l'a fait et je continuais à jouer, quoique cela me demandait beaucoup d'efforts. Et puis, figurez-vous qu'on arrive à deux jours de Noël, et tout d'un coup, la province vient. Comble ! Comble pendant les cinq ou six jours pour arriver à l'an. Et après on a arrêté… Mais c'était comble ! Et les recettes ont suivi. Alors, on est récompensé dans un certain sens. J'ai fait des tournées depuis toujours, j'ai toujours emmené les pièces de Camus, Anouilh ou Pinter en tournée, j'ai même fait beaucoup de créations en province.

G.D. — Et vous préférez créer en province qu'à Paris ?

M.B. — Oh oui ! J'aime retrouver le public de province qui est très fidèle, et qui en même temps vit avec les pièces. Des gens qui ont déjà vu sept fois *Le Roi se meurt* revenaient voir la pièce à Paris. Ce qui nous a donné des recettes merveilleuses. C'est un fait. « Vrai, vrai, c'est plus que vrai, c'est un fait. » C'est comme ça. Alors ça, c'est un peu rassurant quand même.

G.D. — J'ai été frappé au Théâtre de Paris, dans cette grande salle, par ce moment de silence à la fin du spectacle, lors de cette mort qu'on attend tous en tant que spectateurs. Silence durant lequel vous regardez les spectateurs, mais aussi et surtout en vous, très profondément. Ce silence était abyssal, vertigineux. Tout comme le mot « Bleu » que vous prononcez juste avant de mourir. Ce mot m'est resté. Comme si vous découvriez cette couleur. « Je voudrais recommencer. Je voudrais être un bébé », dit Bérenger. Phrases qui nous renvoient à notre propre finitude.

M.B. — Oui, même les silences sont musicaux chez Ionesco. Chez Harwood, il n'y a pas la musique. Ce qui est plus ennuyeux pour la mémoire. Alors, je redis le texte… Toute la pièce, tous les personnages… Pour que la musique me guide. Mais c'est un travail de chien, qui me cause des angoisses épouvantables. Je me dis : « Michel, va leur dire que tu ne peux pas parce que ce n'est pas possible… »

G.D. — Et en même temps, je ne vous ai jamais vu vaciller sur scène.

M.B. — Oui, mais j'ai un mal fou à apprendre les textes. *Minetti* par exemple… Ç'a été une torture. Mais tous ces textes sont tellement magnifiques que, quand même, on s'accroche, et quoi qu'il en soit, même si c'est un casse-tête pour la mémoire, on en ressort grandi.

17

L'enfance de l'art et la tragédie

G.D. — Lors de notre dernière rencontre, vous me parliez d'*Underground* d'Haruki Murakami et de l'avenir terrible qui se dessinait pour la France… Vous sentiez que l'on était au bord d'un précipice. Entre-temps, les faits malheureusement vous ont donné raison. Il y a eu ces attentats dans les locaux de Charlie Hebdo en janvier dernier qui ont fait basculer notre pays. Le retour en force du Front national n'est pas bien rassurant. Cela vous a surpris, ce qui s'est passé ?

M.B. — Non. C'est ce qui va arriver qui pourrait être pire encore, car échappant à toute forme de récupération possible. On va tout droit vers quelque chose d'irrécupérable, me semble-t-il. Mais c'est plutôt rassurant dans un sens. Car on peut se dire : « tant pis ! ». Ce n'est la faute de personne, c'est comme ça. Enfin, si, ce sont les gens qui gouvernent qui sont en partie responsables…

G.D. — Je me pose, du coup, de plus en plus la question du théâtre, et donc du sacré, dans notre société…

M.B. — Cette question ne me semble plus avoir de raison d'être. C'est à l'image du reste. C'est fini ! Je ne juge pas du tout ce qui va venir, je m'en garderais bien. En tout cas, une certaine façon de faire, de pratiquer le théâtre comme un art sacré, héritée du Cartel et des maîtres anciens, des grands interprètes comme Dullin, Sarah Bernhardt, Paul Mounet, n'est plus de mise. Tout cela est terminé, mort définitivement. Il n'y a plus du tout de public pour cela.

G.D. — Quand est-ce que vous avez situé la bascule alors ? Après la Seconde Guerre mondiale, quand vous avez commencé votre carrière d'acteur, il y avait encore cette préoccupation, cette haute idée du théâtre. Quand est-ce que le public aurait changé ?

M.B. — Quand j'ai joué pour Camus et Anouilh, il y avait encore un public qui venait pour le texte et qui était à l'écoute des secrets que les acteurs leur confiaient. Aujourd'hui, j'ai l'impression qu'il n'y a plus de secrets. L'évolution s'est faite de manière insidieuse. Mes deux maîtres, Jouvet et Dullin, avaient des secrets. Ils étaient insaisissables. Je ne leur ai jamais adressé la parole, mais le fait de les voir m'a servi de point de contact réel, profond, avec l'essence du théâtre. J'ai essayé de suivre la ligne.

G.D. — Comme moi avec vous, en vous voyant jouer, quand j'étais plus jeune. Vous m'avez en quelque sorte appris mon métier, en même temps que d'autres acteurs qui me semblent très soucieux de servir le texte, de s'imprégner de la langue des auteurs : Denis Podalydès, Denis Lavant, Carlo Brandt, Ludmila Mikaël, Marina Hands et bien d'autres... J'ai senti un choc en vous voyant jouer. Puis quelque chose s'est déposé en moi. Pour répondre à votre pessimisme, je me demande si quelque chose de précieux, de sacré, ne se dépose pas d'une génération à l'autre, de plus en plus infime, peut-être, mais quand même...

M.B. — Oui... Moi aussi, je crois beaucoup à l'échange individuel. Je me reconnais en vous, et en deux ou trois autres jeunes acteurs : Maxime d'Aboville, Pierre Niney... Mais ce sont des liens rares qui sont totalement en voie d'extinction, qui vont disparaître. Des épiphanies qui n'ont pas l'impact de ce que j'ai pu connaître.

Rendez-vous compte : j'ai quand même vu Mme Segond-Weber jouer pendant la guerre. Deux soirées lui étaient consacrées pour lui dire au revoir. Une sorte de gala de retraite. C'est la leçon de comédie la plus prodigieuse que j'ai reçue ! J'ai tout compris. Si je n'avais pas eu la chance de la voir jouer, je n'aurais rien compris. J'aurais pu errer et me perdre dans des chemins de traverse. Elle jouait Agrippine dans *Britannicus*. C'était très simple : elle arrivait en scène, ne faisait pas un geste, et puis commençait : « Non, Albine, je ne veux pas m'éloigner un moment/ Je veux l'attendre ici. Les chagrins qu'il me cause/ M'occuperont assez tout le temps qu'il repose./ Contre Britannicus, Néron s'est déclaré./ L'impatient Néron cesse de se contraindre/ Loin de se faire aimer il veut se faire plaindre./ Britannicus le gêne, Albine, etc. » Tout monotone ! Comme des fûts de colonnes qui tombaient, avec un débit régulier et un calme extraordinaire. Jamais un mot plus haut que l'autre, jamais une intention plus haute que l'autre.

Michel Bouquet s'interrompt, ému.

J'étais très frappé par cette soumission aux textes, cette « ininterprétation », son art de laisser tout à Racine, de lui laisser le fait de jouer. Quand on pratique un art, on doit s'incliner devant et ne pas croire qu'on est le moteur de cet art. Les tirades de Jean Racine ne demandent qu'à être respectées sans aucune interprétation possible, mais avec le remuement intérieur que procure l'écoute de ces tirades. Il faut tendre vers ce « quelque chose » de plus fort que soi, qui vous terrasse en même temps qu'on le fait. Il y avait dans son interprétation une pureté, une absence de jeu pour ainsi dire. Les autres comédiens se démenaient et avaient l'air d'agités, d'abrutis finis, ils se mettaient dans des transes infernales… Ils faisaient tout ce qu'ils pouvaient, les pauvres, mais ils se trompaient, sans savoir qu'ils se trompaient. Qui joue les tirades ? C'est l'auteur, c'est Jean Racine, pas l'acteur.

G.D. — Madame Segond-Weber faisait jouer l'auteur alors ?

M.B. — Elle était entièrement dévouée à Racine, elle possédait la simplicité qu'il fallait, en jouant sur une seule et même ligne…

G.D. — J'imagine qu'on était suspendu à ses lèvres…

M.B. — Oh, on voyait toutes les légions défiler ! Pas besoin de cinémascope ou de machins comme ça. Je l'ai attendue à la sortie, et j'ai vu une toute petite femme sortir avec son cabas plein de légumes – on était en pleine Occupation, des spectateurs lui avaient offert des légumes, denrée rare pour l'époque. Je n'arrivais pas à croire que c'était elle, je n'ai même pas osé l'approcher. Une immense artiste…

G.D. — … Mais une femme ordinaire. Et vous lui avez adressé la parole par la suite ?

M.B. — Non jamais.

G.D. — Et vous-même, avez-vous déjà eu l'occasion de jouer Racine ?

M.B. — Je n'ai jamais joué Racine, sauf une fois, au Conservatoire, avec la réplique de Narcisse dans *Britannicus.* Je ne saurais pas jouer Racine, je crois, sauf Narcisse, justement. Parce qu'il y a un parcours dans ce rôle…

G.D. — Un parcours plus souterrain ?

M.B. — Moins tragique surtout. Je ne sais pas jouer tragique.

G.D. — Vous pensez vraiment que vous n'êtes pas un acteur de tragédie ?

M.B. — Non, ça, je ne peux pas. C'est trop dur.

G.D. — C'est entre la comédie et la tragédie que vous vous situez ?

M.B. — Oui. Si je joue *Minetti* de Thomas Bernhard par exemple, je touche au tragique, j'y arrive quand même. Mais c'est un tragique rentré. Minetti est l'artificier de sa propre tragédie. C'est un destin psychologique qui vire à la tragédie. Tragédie qu'il construit lui-même. Le tragique qui vous tombe dessus, qui est le vrai tragique : ça, je ne pourrais pas le jouer.

G.D. — Le *fatum* ?

M.B. — Oui, j'ai trop aimé Mme Segond Weber dans *Britannicus* et dans d'autres tragédies, pour pouvoir jouer cela. Il faut une puissance, une justesse, une tenue… Avoir vu ce que l'on reçoit lors d'une tragédie jouée comme il se doit, cela vous coupe le souffle, littéralement.

G.D. — Les tragédiens sont rares pour vous ?

M.B. — Oui. Surtout aujourd'hui. Alors que, paradoxalement, la tragédie est partout.

18

La musique d'un texte et d'un rôle

G.D. — Je vous ai vu récemment dans une rediffusion d'un film sur Mozart de Marcel Bluwal, qui a été fait pour la télévision. Vous incarniez le père de Wolfgang, Léopold, et sembliez habité par ce rôle et par la musique. Je sais que Mozart vous accompagne depuis longtemps. Je me suis posé la question de ce rapport à la musique que vous avez. Vous me parliez de la musique d'un texte, d'un rôle. Vous interprétez maintenant à nouveau le chef d'orchestre Furtwängler. Je sais que vous avez pu dans le passé vous nourrir de musique, de l'architecture de certains concertos ou symphonies. La musique continue-t-elle de vous accompagner aujourd'hui ?

M.B. — Ah oui, oui, oui ! J'ai énormément écouté toutes les musiques. Et je ne rate jamais les concerts dominicaux à la télévision. C'est magnifique les grands orchestres, les vrais orchestres…

G.D. — La musique vous a inspiré comme la peinture pour travailler les rôles et les pièces ?

M.B. — La peinture m'a impressionné au plus haut degré, m'a enseigné beaucoup de secrets. La musique aussi, mais c'est plus diffus, je dois dire.

G.D. — Par exemple, en écoutant Bach, on ne peut être que frappé par la construction des morceaux qu'il a composés. On peut se servir de ce qu'on apprend en écoutant ?

M.B. — La musique est peut-être pour moi le plus grand de tous les arts. Aucun peintre n'a pu traduire la puissance d'univers romanesques aussi bien que les musiciens. La musique est quelque chose de fantastique. Anton Bruckner par exemple… Mais pour donner aux gens une véritable émotion musicale et se hisser à la hauteur du génie des compositeurs, il faut une direction extraordinaire, un orchestre… Berlin, Dresde ont ces qualités d'orchestre qui font vivre cela. *La Septième Symphonie* de Bruckner bien rendue, bien orchestrée, c'est pour moi la quintessence de l'art.

G.D. — Vous souvenez-vous de ce qui a pu vous rendre sensible à la musique ?

M.B. — Avec ma mère, pendant l'Occupation, j'allais à l'Opéra-Comique tous les dimanches – on faisait la queue toute l'après-midi pour avoir des places – et je me souviens avoir vu ainsi *Carmen* de Georges Bizet et d'autres opéras comiques qui me plaisaient énormément. Ç'a été mon éducation musicale. On était en quelque sorte rassasiés quand on sortait, on oubliait la misère et cette effroyable sensation de malaise qui nous accompagnait durant l'Occupation. Et puis, quand j'étais au Conservatoire, j'allais voir tous les samedis matin la dernière répétition de l'Orchestre de la Société des concerts du Conservatoire dirigé par Charles Munch. Je découvrais Ravel, Fauré, Debussy… Toute la musique française que Munch portait avec panache devant des spectateurs en attente d'une révélation. La musique m'est arrivée véritablement par ce grand chef de manière absolument salvatrice. Dans cette période effrayante, très noire, très violente qu'a été l'occupation de la France par l'Allemagne, face à la décadence du monde, cela prenait une force, un caractère d'insolence incroyable, de jouer ces compositeurs français. Les seuls moments d'espoir, de respiration pour moi, étaient lors de ces samedis, dans cette musique que je venais écouter au Conservatoire. Je dois une reconnaissance infinie à Munch. J'ai eu par lui la révélation de ce qu'était l'art français, de ce qu'était la musique, et l'art français en particulier, dans son insolence et son audace. En écoutant Munch qui consacrait toute son énergie à honorer la musique française, on se sentait libérés bien avant l'heure, conscients d'être libres en écoutant cette musique. On prenait conscience de ce qu'était la France perdue, qui était, par la musique, retrouvée. On sortait de là régénéré.

C'était la seule façon d'échapper à la réalité. Mon amour du théâtre est venu de là, je crois.

G.D. — Vous auriez voulu être musicien ?

M.B. — Non, mais j'ai aimé passionnément la musique. Il n'est pas nécessaire de connaître le solfège pour être sensible à la musique, cela suppose d'avoir du cœur, c'est tout.

G.D. — Vous êtes vous-même comme un interprète au service de la partition. Le même mot – « interprète » – désigne d'ailleurs celui qui se consacre à la musique et celui qui se consacre au théâtre.

M.B. — Oui, je suis étranger à tout ce qui m'arrive. L'acteur interprète en effet, et le texte ne lui appartient pas. C'est pour cela que je suis attaché à ce mot. Le texte est d'un autre. Où est l'art dans tout ça ? Il est dans le respect de l'art de l'écriture. Le devoir de l'interprète est de sentir ce qu'il y a de plus beau dans l'œuvre, musicale ou textuelle, et de le servir au mieux.

G.D. — Vous parliez tout à l'heure de la musique de Molière ou de Ionesco… J'aime moi-même tous ces textes qui s'apparentent à des partitions que nous devons interpréter, sur les traces desquels nous devons aller. Ce rapport au rythme, à la langue, aux sonorités vous est-il apparu en écoutant de la musique ?

M.B. — Oui, sûrement. J'ai pu avoir des sortes de révélations. En écoutant Mozart, par exemple…

Ce qui est sûr, c'est que les grands textes possèdent leur musique secrète. S'il n'y a pas de musique, eh bien ma foi… C'est beaucoup plus facile quand il y a de la musique. Dans Bernhard par exemple, il y a une musique fabuleuse. En revanche, chez d'autres écrivains modernes, il est beaucoup plus difficile de se raccrocher à une quelconque musique. Et je ne dis pas cela de manière péjorative. Mais je préfère quand il y a de la musique. Ionesco par exemple, c'est de la musique absolue. Chez lui comme chez Beckett, il y a également une musique dans ce qui est gestuel, dans l'absence même de musique. Dans le grotesque, dans la solitude. Quand il n'y a plus rien…

G.D. — Ça ne vous gêne pas quelquefois de vous dire que les spectateurs viennent vous voir davantage vous que Ionesco, Harwood ou les auteurs que vous interprétez ?

M.B. — Non, parce que c'est quand même l'auteur, qui, au final, remporte la partie. Qu'est-ce qui fait que les gens reviennent voir sept fois *Le Roi se meurt* ? Ils viennent pour Ionesco, bien sûr. Mais, dans le fond, c'est vraiment qu'ils ont un problème avec la mort et qu'ils espèrent le résoudre. C'est la situation qui les attire. Le dialogue est moins intéressant comme sujet de réflexion. Il est intéressant pour le metteur en scène, parce qu'il faut que la pièce soit bien construite, qu'elle fasse partie d'une œuvre, qu'elle parle de choses générales sur lesquelles tout le monde s'interroge, etc. Enfin, tout ce qui fait le grand théâtre, quoi. Mais c'est la situation qui est plus importante pour les gens. C'est moins le texte que la situation.

G.D. — Et la situation de *À tort ou à raison* ?

M.B. — C'est la déconfiture de tout ce qui est positif. Tout ce qui est bien apparaît comme voué à la destruction par les contemporains.

G.D. — Cette situation trouve-t-elle des échos aujourd'hui ?

M.B. — Bien sûr. Quoi de plus actuel que la mise au supplice de quelqu'un, d'un artiste qui œuvre pour le bien – Furtwängler –, qui ne veut pas être irréprochable, mais qui suit sa nature ? Sa nature n'ayant plus lieu d'être là, il est éjecté. C'est quand même une situation très forte.

G.D. — J'ai vraiment l'impression que toute cette période de l'entre-deux-guerres et de la Seconde Guerre mondiale elle-même ainsi que de ses conséquences résonne terriblement avec notre époque. Nous en avons déjà parlé, c'est une période qui est beaucoup revenue dans les pièces que vous avez jouées…

M.B. — Oui. C'est très curieux, parce que j'ai obéi au destin. Ce n'est pas moi qui ai voulu, qui ai choisi les pièces que l'on m'a demandé d'interpréter. Dans le cas présent et depuis quelques années, oui, c'est moi qui ai exprimé des désirs. Mais avant, non, ce sont les auteurs, les metteurs en scène qui sont venus me chercher. J'ai accepté de jouer Pinter parce que je l'ai compris à la lecture. Compris, peut-être pas… J'ai essayé de comprendre. Cela vaut pour tous les auteurs que j'ai joués.

G.D. — Bernhard aussi ?

M.B. — Oui, complètement. Mais c'est plus facile à jouer qu'on ne croit, Thomas Bernhard. Tandis que Pinter, c'est terrifiant ! *La Collection*… Tout est dans *La Collection*. J'en ai bavé des ronds de chapeau avec cette pièce. Quand Claude Régy m'a demandé de la jouer, je me rappelle que j'étais en tournage avec Claude Chabrol sur *La Route de Corinthe*, je crois, un film un peu idiot… Chabrol n'était pas bête, mais je n'avais aucune illusion sur ce film. Et puis Claude Régy était venu à Barcelone, sur le tournage pour me demander de jouer *la Collection*. Je ne comprenais pas pourquoi il voulait que je joue ce texte. Il me dit : « ah relis-le, relis-le quand même ». Et moi : « Bon bon je vais le relire. Et puis demain je te téléphone et je te dirai. Mais non, je ne pense pas que ce soit possible pour moi. » Tout d'un coup, je me dis : « Mais pourquoi il insiste tellement ? C'est moi peut-être qui me trompe. » Alors j'ai relu le texte. Je ne tournais pas ce jour-là. Je l'ai relu une fois, deux fois, trois fois, cinq fois. Et j'ai senti que ce n'était pas simple du tout et que c'était solide et fort. Cette partition, cette musique, ces temps, ces pauses, cette précision du ping-pong… Pinter raconte des choses horribles, mais avec élégance, avec un sens du divertissement qui n'appartient qu'à lui. Alors, j'ai téléphoné à Claude et je lui ai dit : « Oui. Je vais le faire. »

G.D. — D'où l'importance de lire plusieurs fois les textes que l'on découvre… Par ailleurs, il y a une scène avec Maurice Ronet, dans un film de Chabrol, *La Femme infidèle*, qui m'a beaucoup rappelé une scène de *la Collection*… Chabrol connaissait Pinter ? Il a dû s'en inspirer, non ?

M.B. — Oui, il grappillait un peu partout. Et *Juste avant la nuit* aussi emprunte beaucoup à Pinter. Ce film n'a eu aucun succès. Pas marché du tout ! Et pourtant c'est un beau film, un de ceux dont je suis le plus fier.

19

Cinéma et rôles troubles

G.D. — Je vous ai vu récemment dans *L'Antiquaire* de François Margolin, qui touche encore à la question de la Seconde Guerre mondiale, de son héritage.

M.B. — Ce film est assez beau, même s'il n'a pas marché, lui aussi. Sur un sujet similaire, je viens de faire un film avec Élie Chouraqui à Weimar, *L'Origine de la violence*. J'ai tourné trois jours, et ç'a été très intéressant. Je joue un préfet qui a une espèce de réputation d'honnêteté, qui a passé toutes les portes de l'Occupation, on dit de lui : « C'est un homme bien. » Il m'est arrivé une chose très étrange. J'ai commencé à tourner le premier jour avec cette idée d'un « homme bien ». Et j'avais huit jours à attendre avant de tourner à nouveau. Eh bien, ces huit jours d'hôtel à Weimar se sont révélés interminables. C'était l'horreur ! Heureusement, j'étais avec ma femme, Juliette, mais c'était vraiment une horreur d'attendre là. À huit kilomètres de Buchenwald. Ils m'avaient mis à l'hôtel où descendait Hitler, avec Eva Braun. J'ai dit : « je ne reste pas là ». J'étais sous cette chape de plomb et de culpabilité. Avec Juliette, on n'en pouvait plus. J'attendais ces deux jours de tournage. On ne pouvait plus dormir, c'était vraiment effrayant. J'ai eu un tel mal à apprendre les quelques lignes que j'avais à dire. Et je me suis dit : « ce n'est pas possible que ce type que je joue, qui était quand même sous la responsabilité de René Bousquet, ce n'est pas possible qu'il ait été si bien ! Ce n'est pas vrai. Tous les gens sont coupables dans des cas comme ça. Il y a un cliché dans le rôle, quelque chose qui ne va pas. » Puis enfin, arrive le tournage dans le parc de Weimer. Il faisait un froid à crever, j'étais emmitouflé dans des manteaux qu'on m'enlevait quand je tournais des petits bouts. Des petits bouts qui fusent dans le film de temps en temps. Et j'ai introduit, sans le vouloir, dans l'honnêteté que l'on me demandait de jouer, des zones d'ombres sous-jacentes, de l'ambivalence. Chouraqui était derrière sa caméra, et je l'ai entendu se demander : « Mais qu'est-ce qu'il est en train de me faire là, Bouquet ? Où est-ce qu'il m'entraîne ? » Je me suis dit « il va me corriger », mais quand il me retrouvait, il ne disait rien, il me laissait faire. Et alors, plongé dans une forme de culpabilité, j'ai composé la figure d'un honnête fonctionnaire derrière lequel rôdent des ambiguïtés. On n'est pas préfet pour rien, dans une période comme ça, sous l'Occupation. Et Chouraqui a eu le même sentiment que moi, sans qu'on s'en parle. Il s'est dit : « Oh, il rajoute des teintes obscures, il a raison, il a raison… » On s'est quitté le lendemain, et il a approuvé mon revirement.

G.D. — Vous avez donc changé d'avis sur le personnage en cours de tournage ?

M.B. — Pendant que je le faisais.

G.D. — Et cette situation vous est souvent arrivée ?

M.B. — C'est la première fois que ça m'arrivait. Je me suis dit : « Ce n'est pas possible. »

G.D. — Ce sont ces huit jours d'attente qui ont produit ce revirement en vous ?

M.B. — Oui. Très curieusement. Cela dit, il m'est arrivé un peu la même chose avec le film que vous m'avez évoqué, *L'Antiquaire*.

G.D. — Film où il y a là aussi des zones d'ombres et une ambiguïté sur ce passé qui n'en finit pas de resurgir.

M.B. — Mais malheureusement – et c'est ce qui fait que je ne peux plus supporter le cinéma –, le scénario initial n'a pas été respecté. Il y avait une première scène où, tout sucre, tout miel, je recevais la jeune fille qui interprète le personnage principal dans une somptueuse demeure, et une autre scène où je devenais très dangereux. Je tenais beaucoup à ces deux scènes. Le réalisateur les a regroupées en une seule et même scène. Ce n'est pas bien. Je lui ai dit. Et il a nié en disant : « Non, non, j'ai toujours écrit comme ça. » Mais ce n'est pas vrai, il y avait ces deux scènes, et je n'aurais pas fait le film si ces scènes n'avaient pas été séparées, donnant à voir la complexité de ce bonhomme. Je n'étais pas content.

G.D. — Vous m'aviez déjà parlé de votre déception en découvrant le film *Renoir* de Gilles Bourdos, où vous ne retrouviez plus ce qui vous avait plu à la lecture scénario et ce qui vous importait dans la construction de votre personnage. Et pourtant, vous continuez de tourner au cinéma.

M.B. — Oh, je tourne très peu. Ils se disent : « Il est mort. » C'est ce qu'ils se disent. Mais c'est la vie.

Michel Bouquet rit.

Cela dit, ça ne me dérange pas. Car il n'y a pas le même genre de metteurs en scène et de réalisateurs qu'avant. Ils ne sont pas forcément intéressés par moi. À une époque, oui, ils étaient intrigués.

G.D. — Mais vous avez quand même fait des films notables ces dernières années : *Renoir, Le Promeneur du Champ-de-Mars, Comment j'ai tué mon père...*

M.B. — Le film d'Anne Fontaine, oh, c'était magnifique ! Mais il y en a d'autres qu'on a oubliés. Tous les films que j'ai faits avec Luntz... C'est curieux, les films prennent de l'ampleur avec le recul, certains deviennent beaucoup plus remarquables que ce qu'on en pensait à l'époque.

G.D. — Sur la question de l'abandon face à la caméra, le « lâcher-prise » que les réalisateurs demandent souvent, comment procédez-vous ? Vous avez pu me dire qu'au théâtre vous n'aimiez pas tellement regarder les partenaires. Au cinéma, comment ça se passe ? Où est-ce que vous placez le regard ?

M.B. — Je n'en ai pas besoin. Regardez Jean Gabin : il n'en a pas besoin. Il ne joue pas avec le partenaire, il joue avec lui. C'est la même chose au théâtre et au cinéma. Regarder les gens dans les yeux, c'est un piège. Ce n'est pas la peine. Il faut avant tout regarder en soi, regarder dans le texte.

G.D. — Avez-vous apprivoisé petit à petit le rapport à la caméra – qui peut apparaître comme tellement intimidante et inhibante pour nombre d'acteurs débutants – ou cela s'est fait tout seul ?

M.B. — Rien apprivoisé du tout. Au cinéma, plus je suis analphabète de moi-même, mieux c'est. Mais j'ai fait des films importants dès le début de ma carrière. Le *Pattes blanches* de Grémillon, *Monsieur Vincent* de Maurice Cloche, où l'on ne voit que mon œil. J'ai dans ce film une longue scène avec Pierre Fresnay. Je jouais un jeune tuberculeux. Et cela s'est très bien passé. On ne me voit pas, on ne peut pas me reconnaître, on ne voit que mon œil. Claude Renoir d'ailleurs était le chef-opérateur de ce film et avait tout mis en ombre autour de mon œil. *Les Amitiés particulières* de Jean Delannoy aussi… Toutes ces expériences ont été formatrices. J'ai eu la chance de faire des films très importants tout de suite, avec des metteurs en scène merveilleux.

G.D. — Vous avez très tôt joué des personnages inquiétants, si ce n'est douteux.

M.B. — C'est vrai. J'ai joué beaucoup de rôles très douteux dans ma vie. C'est curieux parce que je ne suis pas comme ça… Mais cela m'amuse d'*introspecter* de ce côté-là. En même temps, je suis ouvert à des possibles que je peux être et suis complètement sans *a priori* là-dessus. Romain Weingarten, par exemple, me dit de jouer l'œuf dans *Alice au jardin du Luxembourg*, eh bien, je joue l'œuf !

Au théâtre, j'ai joué également beaucoup de rôles monstrueux. Pourquoi m'a-t-on donné ces rôles ? Je ne sais pas… Que ce soit chez Camus, Anouilh, Bernhard, Pinter ou Chabrol au cinéma… Qui sont d'ailleurs des auteurs très noirs. Tous ces personnages sombres que l'on m'a confiés… C'est très étrange, quand on y réfléchit. Je ne comprends pas pourquoi. Mais c'est comme ça. L'acteur n'est pas quelque chose en soi, il reste ouvert à tous les possibles. L'acteur est une espèce de victime de lui-même.

20

Un royaume de contradictions

G.D. — Vous prônez depuis longtemps une certaine méfiance vis-à-vis des metteurs en scène. Mais ce qui est étonnant, c'est que quand on regarde votre carrière, vous avez joué avec ceux que l'on considère comme de grands maîtres de la mise en scène : Vilar, Barrault, Régy, Krejca, Planchon… Et j'en passe !

M.B. — Ce sont eux qui me choisissaient.

G.D. — Il y a quand même comme un paradoxe.

M.B. — Oui, mais je gardais mon autonomie complète avec eux. Ils m'acceptaient. Et je crois que moi-même, j'acceptais. Je me voyais partir dans des colères, et j'acceptais d'être comme ça. Je ne me refrénais pas. Quelquefois, ça me jouait des tours. Mais ça… tant pis ! Je tenais à mon royaume.

G.D. — Et avec les metteurs en scène qui ne vous acceptaient pas ?

M.B. — Alors là, merde ! On est quand même obligé d'être très louangeur avec soi-même pour faire ce métier. Il ne faut pas mettre en doute ou transformer ce que l'on est. On peut trouver des accommodements, peut-être, avec la mise en scène, mais j'ai la prétention de croire, même si je me trouve devant Grémillon, que lui ne connaît pas le rôle aussi bien que moi. Donc, ce qui a trait à la connaissance du rôle, j'y travaille suffisamment pour être sûr que c'est ce qu'il faut. Alors je veux bien me calmer, écouter, mettre de l'eau dans mon vin, me dire « pas besoin d'aller si loin », du moment que l'on préserve ce que j'ai développé d'authentique avec le personnage et avec l'auteur. Les metteurs en scène, si grands soient-ils, doivent être d'accord avec cela.

J'ai revu un film de Jean Renoir l'autre jour que je trouve sublime : *La Bête humaine*. Avec Jean Gabin et Carette. Il y a une scène au début du film dans laquelle ils arrivent tous les deux au Havre en conduisant un train, et on voit Carette, la clope au bec, qui fait tout un tas de gesticulations fantastiques. Qu'est-ce qu'il fait exactement ? On le voit bêcher le charbon pour le mettre dans la locomotive d'une manière totalement étonnante, exagérée, mais vraie. Plus vraie que nature. Seul un grand acteur peut faire ça. Je suis sûr que la proposition de jeu vient de Carette lui-même et que Renoir l'a laissé faire.

G.D. — Parfois j'ai la sensation que les grands acteurs sont insaisissables. On ne peut pas vraiment expliquer pourquoi et comment ils nous touchent profondément lors de moments apparemment anodins. Quelque chose nous échappe, un mystère, un secret… Cela vaut aussi pour vous.

M.B. — Je ne sais pas. En tout cas, c'est très difficile de me saisir, c'est sûr. Moi-même, je n'y arrive pas.

G.D. — J'ai été étonné en relisant nos conversations de constater à quel point vous vous contredisez en permanence.

M.B. — Oui, je suis très contradictoire. Je peux dire aujourd'hui le contraire de ce que j'ai dit hier. Sans doute parce que la vérité est toujours « entre ». Si je veux m'approcher de la vérité… C'est tout à fait l'histoire du film à Weimar, qui est très représentative du travail du comédien, de l'acceptation des doutes, des interrogations, des contradictions. J'ai tellement souffert à Weimar, dans l'attente. J'ai retourné le problème dans tous les sens et je me suis dit finalement : « Mon personnage était au courant. »

G.D. — L'attente a été bénéfique ?

M.B. — Tout est bénéfique, vous savez. Le fait que l'on se rencontre, c'est également bénéfique. C'est comme ça, la vie. Il faut prendre les cadeaux que l'on nous donne chaque jour. L'acteur, en particulier, doit savoir être disponible aux surprises qui lui sont offertes.

G.D. — Un grand acteur peut-il vraiment tout jouer ?

M.B. — Il peut tout jouer parce qu'il est un grand acteur. Mais on ne peut pas garantir le résultat. Je me contredis tout le temps, parce que je me dis « mais ça ne va pas, je n'y suis pas, ce n'est pas ça ». C'est mouvant, un rôle. Je ne peux jouer huit cents fois un rôle que si je le change tout le temps. Mais un être humain est également fait de toutes les contradictions dont nous parlons. Ça n'est jamais exact.

G.D. — Vous évoluez dans votre interprétation du rôle de Furtwängler ?

M.B. — Ah tout le temps ! Des fois, je joue sur le fait qu'il a subi de la part d'Hitler et de ses comparses des menaces terribles et qu'il a continué à se dire « Mon métier, mon métier, mon métier : arriver au son le plus parfait » sans se soucier de l'extérieur. Et puis j'ai lu des livres de son percussionniste à la Philharmonie de Berlin. On lui demande : « Comment faisait Furtwängler pour arriver à cette perfection ? Qu'est-ce qu'il faisait ? Qu'est-ce qu'il disait ? » Le type répond : « Mais rien du tout. Il disait juste "On reprend" ». Le fait qu'il ne dise rien les faisait comprendre. Il ne disait jamais pourquoi il faisait reprendre, c'était à l'orchestre de trouver.

G.D. — Un peu comme agissait Ottomar Krejca en fait ?

M.B. — Oui, un peu. Surtout pas de psychologie ! Si un metteur en scène dirige un acteur de façon psychologique, ce dernier n'existe plus, il devient un pantin, son talent se déperd. Mais le talent se coûte très cher, à la dernière minute. Il faut des mois et des mois pour connaître un rôle. Il faut une nourriture tellement puissante, un accompagnement très fort avec le texte et l'auteur. De façon à ce que vous puissiez arriver et être le rôle. De façon à ce que vous puissiez être plein du rôle dès la première répétition et que vous puissiez parler en son nom de manière *incontestable*. Alors, là, il n'y a plus rien à dire. Il n'y a plus que des accommodements à faire avec les rythmes, avec les éléments extérieurs, et puis, selon l'inspiration du jour, vous jouez certaines facettes du rôle sur lesquelles vous vous appuyez, par votre réflexion et vos intuitions. Mais il est nécessaire d'avoir en soi un wagon d'informations sur le rôle pour parvenir à être libre sur scène.

G.D. — Il faut avoir vécu avec le rôle, et même avant les répétitions…

M.B. — Surtout avant. Les acteurs se trompent en pensant que le travail commence pendant les répétitions, il commence avant. Tout est joué dès que l'on répète une fois. Il faut savoir comment travailler, c'est cela le problème. Ce travail de préparation qu'il faut faire avant est fondamental, ça, je le crois. On part avec un train, comme dans *La Bête humaine* : il faut que les wagons soient remplis et qu'il y ait du charbon pour faire avancer la locomotive. Les contradictions servent, nous devons les accepter. Quand on est acteur, on est simplement une matière de chair, sans morale ni opinion. Attention, je ne dis pas que c'est la vérité, mais c'est ma vérité.

Plus on est habité par ce travail, plus ce travail peut devenir bon pour le spectateur. La personnalité de l'acteur ne doit pas dominer, on ne doit voir que les contradictions de l'être que l'on représente. Libre au public par la suite de juger le personnage. Le plus important reste de chercher : moins l'acteur croit qu'il trouve, plus il est intéressant.

Janvier 2016

21

L'écho d'une menace actuelle

G.D. — Depuis que nous nous connaissons, Michel, vous me dites souvent changer d'avis sur un rôle ou sur une pièce au cours des lectures que vous en faites, des représentations que vous jouez. Vous reprenez en ce moment à Paris le rôle de Furtwängler dans *À tort ou à raison*. Au fil des représentations, vous êtes-vous fait une opinion sur la responsabilité de ce chef d'orchestre pendant la guerre ?

M.B. — Ah, je crois qu'il a été foncièrement nazi pendant deux ans, et qu'après, il a été foncièrement contre. Il ne peut pas ne pas avoir été fasciné par les buts de l'entreprise, mais quand il s'est rendu compte des moyens employés, il s'y est opposé. Il a été piégé. Donc, il est responsable des deux premières années sans doute, puis plus du tout après. Il s'est retrouvé sous la menace de ceux à qui il était lié. Il a été considéré par Hitler comme devant être abattu. Il a été adoré, puis combattu par Hitler, et contraint à se réfugier en Suisse, à Clarens.

G.D. — Est-ce parce qu'il a été combattu qu'il a changé de position ?

M.B. — Oui. Et en même temps, il avait aussi pratiqué avant des choses contre le régime… Quand le régime s'en est rendu compte, il a été vilipendé.

G.D. — Ce qui est fascinant dans le spectacle, c'est que nous mêmes, spectateurs, ne cessons de changer d'avis sur la personnalité de Furtwängler et sur sa responsabilité. Par moments, votre Furtwängler a toute notre empathie, puis l'instant d'après, il nous répugne, et on se dit que c'est un homme foncièrement ambigu. Même si, *in fine*, il nous apparaît comme fragilisé devant cet officier brutal qu'est le commandant Steve Arnold dans la pièce.

M.B. — Il est victime. À partir du moment où il prend une ferme position contre les exactions et le régime nazi, il devient victime. Mais, en même temps, je ne cesse d'osciller avec lui. Plus j'oscille, mieux je m'approche du rôle. Même si dire qu'on s'approche vraiment d'un rôle, c'est beaucoup dire. Mais enfin, j'aime bien le jouer… C'est un chef d'orchestre qui me passionne. Je me suis beaucoup documenté sur lui, j'ai regardé des photographies, j'ai essayé de prendre connaissance de sa façon spécifique de diriger. Il a une manière de diriger qui n'est pas du tout intellectuelle, mais spontanée. Il est absolument exemplaire de voir comment il laissait respirer une œuvre, comme elle doit respirer. Et c'est tout ! Mais évidemment, c'est un travail gigantesque que d'arriver à cela, travail qui mérite d'être respecté. Wilhelm Furtwängler ne faisait pas de la politique avec les symphonies, tout au contraire d'un chef comme Herbert von Karajan par exemple. Karajan, nettement plus proche du national-socialisme, mettait de la politique dans l'œuvre de Beethoven, ce qui représentait une offense pour Furtwängler. Ce dernier dirige la pensée de l'auditeur vers la respiration de l'œuvre, sans souci aucun d'intellectualité. Du coup, il fait resurgir la spontanéité de l'enfance d'un compositeur – par exemple Beethoven –, le sentiment instinctif à la source de l'œuvre. Et cela, c'est sacré.

G.D. — J'ai l'impression, en vous écoutant parler de Furtwängler, que vous parlez aussi de vous, de ce qui vous importe au théâtre et dans le métier d'acteur… Laisser respirer une œuvre, se mettre derrière l'auteur, aller à la source… On ressent en tout cas le plaisir que vous avez à vous retrouver sur scène dans ce rôle. Après avoir joué Ionesco, qu'est-ce que cela vous fait de revenir à un théâtre plus quotidien, plus contemporain, plus réaliste, même si la structure de la pièce est classique ?

M.B. — J'aime beaucoup Harwood parce qu'il est entièrement dans la construction, il ne donne pas son avis. C'est l'architecture d'une pièce qui l'intéresse. J'ai une affection particulière pour le théâtre qui privilégie cela. Harwood construit ses textes avec des petits éléments qui cachent évidemment les grands événements, l'horreur historique et politique… C'est un théâtre assez fin, plus complexe qu'il pourrait n'y paraître à la première lecture.

G.D. — Lors de notre dernier entretien, vous m'aviez parlé de Furtwängler en ces termes : « Naïf, et en même temps brillant. Et aussi très bête »,

M.B. — Je ne dirais plus ça maintenant. Parfois je dis des choses qui ne sont pas justes. Mais cela dépend du moment que l'on vit avec la pièce, avec le rôle.

G.D. — Que retirez-vous de la longue tournée d'*À tort ou à raisons* ? L'avez-vous appréciée comme les autres tournées ?

M.B. — Ça s'est très bien passé. La pièce est très publique, il n'y a rien à faire…

G.D. — C'était important de le créer en province, avant Paris ?

M.B. — Oui, mais à Paris, cela semble prendre une tournure inattendue. Je ne pouvais pas penser que cela aurait ce retentissement. Avec les événements actuels, ce spectacle semble nécessaire.

G.D. — J'ai ressenti une certaine gravité dans la réception du public. Vous tourniez le spectacle au moment des attentats de novembre 2015… Avez-vous perçu un changement dans la réception ?

M.B. — Ah oui, quand même. Dans cette pièce, il y a une menace sous-jacente qui a pris des résonances inattendues avec l'actualité.

G.D. — Comment avez-vous vécu les derniers attentats ?

M.B. — Je me suis dit que c'était normal. Cette période me ramène à ma jeunesse, à mes dix-sept ans, en pleine collaboration. Cette Occupation dont je me souviens tout le temps. Tous les soixante ans, ce genre d'événements arrive. Il n'y a même pas à se poser de question. C'est le retour du fascisme, sous quelque forme que ce soit, de l'histoire tragique. J'ai l'impression d'avoir déjà vu ça. Mais cette époque, que l'on vit en ce moment, depuis quelque temps, va disparaître très vite. De plus en plus vite. C'est pour cela que les choses n'ont pas de cohérence, elles n'ont pas le temps d'en avoir. Il n'y a pas de reproches à faire aux uns ni aux autres. C'est la marche du temps, allant de pair avec une certaine malignité, c'est vrai, avec une certaine terreur. Vous voir me redonne du courage.

G.D. — Vous avez eu peur ?

M.B. — Non. Qui plus est, à mon âge. Et puis, une balle, ça ne fait pas de mal, ça tue, c'est tout.

G.D. — En relisant *Underground* dont vous m'aviez parlé, en écho avec ce qui se passe en ce moment avec tous ces attentats, je me suis dit que Haruki Murakami a retranscrit quelque chose d'essentiel. Le phénomène de masse, l'origine des dysfonctionnements dans une société, des attentats…

M.B. — Murakami est un sacré romancier qui, au milieu de tant de bêtises dites et écrites, redonne confiance et espoir. Mais d'autres témoignent aussi avec hauteur de l'humanité… Imre Kertész… Patrick Modiano… Tous ces grands auteurs exposent leurs doutes, leurs questionnements, et nous rappellent de ne jamais oublier que la vie humaine est d'une extraordinaire fragilité.

En revanche, je n'aime pas les auteurs qui se regardent écrire. Comme les acteurs qui se voient jouer, qui sont trop conscients de leur brillance. Il vaut mieux travailler avec le doute, c'est beaucoup plus intéressant. Moi-même, je casse tous mes rôles tout le temps. J'aime mieux entrer sur scène en me disant : « Je ne sais pas comment faire. »

G.D. — Ne surtout pas avoir de certitudes ?

M.B. — Non, pourquoi faire ? Il faut être très honnête avec le rôle, avec l'auteur, avec soi-même, et se dire qu'il est presque impossible de parvenir à l'absolu du rôle que l'on doit jouer. Ce serait ridicule. Essayer de s'en approcher, en tout cas, c'est très important, et ne pas avoir peur de le fouailler beaucoup, de le triturer. Il y a toujours quelque chose qui est vrai dans ce que l'on fait. Et puis n'oublions pas que l'essentiel échappe à l'acteur. Il est nécessaire de ne pas se causer trop de problèmes inutiles, parce qu'il faut savoir accepter le vide et laisser venir les plus belles intuitions : le travail se fait aussi quand on s'abandonne au rôle, au texte que l'on joue.

22

Corneille, Hugo, Marivaux et les autres

G.D. — En me repenchant sur votre carrière, je me suis aperçu qu'il y a des auteurs que vous n'avez jamais joués, et cela m'intrigue. Comment se fait-il que vous n'ayez jamais joué Corneille par exemple ? Cet auteur vous a-t-il quand même accompagné ?

M.B. (*s'exclame*) — Ah, j'adorerais jouer Corneille !

G.D. — Pourquoi alors ne l'avez-vous jamais joué ?

M.B. — Parce qu'on ne monte jamais Corneille. Alors que c'est un auteur énorme. Sur le pouvoir. *La Mort de Pompée* par exemple est une pièce d'une beauté incomparable, avec un humour, un charme, une horreur aussi... C'est magnifique. « Le destin se déclare... » : cela commence comme ça. C'est déjà incroyable, tellement drôle et tellement peu probable...

« Le destin se déclare, et nous venons d'entendre/ Ce qu'il a résolu du beau-père et du gendre./ Quand les Dieux étonnés semblaient se partager,/ Pharsale a décidé ce qu'ils n'osaient juger./ Ses fleuves teints de sang, et rendus plus rapides/ Par le débordement de tant de parricides,/ Cet horrible débris d'aigles, d'armes, de chars,/ Sur ses champs empestés confusément épars,/ Ces montagnes de morts privés d'honneurs suprêmes,/ Que la nature force à se venger eux-mêmes,/ Et dont les troncs pourris exhalent dans les vents/ De quoi faire la guerre au reste des vivants,/ Sont les titres affreux dont le droit de l'épée,/ Justifiant César, a condamné Pompée. »

G.D. — Votre mémoire est impressionnante ! Vous connaissez par cœur cette pièce ?

M.B. — Je ne connais que ces quelques vers, mais qu'est-ce que j'aurais aimé jouer cette pièce !

G.D. — J'ai l'impression que Corneille est vu comme un peu inférieur à Racine dont les pièces sont davantage jouées…

M.B. — Ah, c'est autre chose… Racine travaille sur la tragédie poétique, Corneille sur la critique du pouvoir et son tragique également. Mais le tragique est, chez Corneille, plutôt intellectuel et rhétorique. Il n'est pas dans le sentiment. Il est dans la raison. Et la raison entraîne le sentiment. Chez Corneille, il ne faut pas être dans le sentiment des mots, mais dans le sentiment des situations.

G.D. — Je me suis demandé si vous n'aviez pas joué Corneille, parce que vous ne vous considérez pas comme un acteur tragique.

M.B. — Mais Corneille n'a pas tant besoin que ça de tragédiens.

G.D. — Les dilemmes sont tragiques, mais pas les personnages ?

M.B. — Corneille a besoin de gens comme il en a existé plus tard au XIXe siècle, qui se mettent autour d'une table, commencent à parler d'un phénomène qui est en train d'arriver entre tel pays et tel autre, et qui en raisonnent ensemble. Le tragique est dans cette discussion que ne mène à rien, ne sert à rien, qui est vouée à l'échec. C'est cela qui est tragique. Des gens se réunissent pour interroger le fanastisme, questionner les événements historiques : est-ce que la chute de Napoléon était une bonne chose, par exemple ? Quels en sont les aspects les plus curieux, les plus divers, les plus bizarres, les moins contestables dans leurs atrocité ? Examinons le cas. Corneille n'a pas été avocat pour rien : il est un homme de justice, qui fait des plaidoiries et met en valeur la marche du destin, le sens de l'histoire contre lequel on ne peut rien. « Ça arrive, et puis c'est comme ça, il faut admettre les événements. » Il y a un côté normand chez Corneille, dans la façon dont il traite son pays. Il dresse un portrait exact de l'horreur du monde.

G.D. — Quelles résonances ne prend pas le théâtre de Corneille aujourd'hui, si on le lit avec ce point de vue !

M.B. — Ce théâtre a des échos avec toute époque. Car Corneille regarde ceux qui font l'histoire et ceux qui en débattent. Et son regard est universel. Le propos est moins éprouvé que raisonné. Mais on arrive tout autant à l'émotion, à l'horreur que chez Racine… Seulement, c'est une horreur à laquelle on ne participe pas tellement.

G.D. — C'est un théâtre plus cérébral que passionnel ? Les passions raciniennes n'ont pas leur place chez Corneille ?

M.B. — Non. Ce n'est pas l'être qui est la victime. C'est l'être que l'on considère : « Il en a pris un coup, ça a dû lui faire mal ». On examine le cas. On devrait remonter Corneille aujourd'hui car c'est un théâtre qui donne l'occasion aux spectateurs de réfléchir et de mettre en perspective tous les bouleversements historiques.

G.D. — Il y a un autre auteur que vous n'avez jamais joué, c'est Victor Hugo, à part pour le film *Les Misérables*, dans lequel vous interprétiez le rôle de l'inspecteur Javert.

M.B. — Je ne sais pas si j'aurais aimé jouer son théâtre. C'est beau quand même, mais…

G.D. — J'ai un CD de lectures que vous avez faites des *Contemplations* de Hugo. Par vos lectures, vous éclairez l'œuvre de manière limpide. Votre interprétaion des *Soleils couchants*, par exemple... Absolument magnifique et d'une profondeur, d'une simplicité...

M.B. — Oui, ce qui est curieux, c'est que j'admire beaucoup Hugo, et pourtant je ne l'aime pas. Il me dégoûte même. Il couche avec les bonnes, et puis il fait le communard, le démiurge... Il est contestable comme homme, mais je dois dire que quand il fait ces poèmes très simples comme *Demain dès l'aube* ou *Stella*, il y a là un talent merveilleux. Quand il consent à être simple. Là, oui...

G.D. — C'est le mot d'André Gide : « Victor Hugo, notre plus grand poète, hélas ! »

M.B. — C'est un peu vrai.

G.D. — Vous n'avez jamais joué Ibsen également ?

M.B. — Non... Il me barbe un peu. Je préfère Strindberg. Mais j'ai sûrement tort. On a toujours tort de ne pas aimer de toute façon.

G.D. — Et vous n'avez jamais joué Marivaux ?

M.B. — Très difficile... Marivaux révèle les mécanismes secrets des individus et compose un théâtre d'une lucidité désespérée, peuplé d'arrière-pensées et de préméditations, de désir physique et de perversité. Tout l'art de Marivaux consiste à montrer ce qui est caché, à dévoiler l'ambiguïté profonde des êtres humains. Je trouve ce théâtre très beau, je le faisais jouer à mes élèves au Conservatoire, mais ce n'est pas mon répertoire. Ou alors je ne le comprends pas. Si j'avais à le jouer, je le jouerais. Alors là peut-être que je me mettrais à le comprendre…

G.D. — C'est en jouant qu'on comprend ?

M.B. — C'est toujours en jouant qu'on comprend.

23

La négation de l'acteur et le secret du jeu

G.D. — Je vous ai entendu dire lors d'une interview récente : « J'ai fait une carrière qui se détruit elle-même, c'est peut-être mon seul mérite. C'est l'essence même du métier d'acteur, cela : la négation de l'acteur par lui-même. » Cette phrase m'a intrigué. Que vouliez-vous dire ?

M.B. — J'ai dit cela lors d'un moment de déprime, sûrement. Mais il faut admettre que ce genre de moment se reproduit souvent dans la vie, constamment même. Alors, on arrive à le vaincre, mais cela revient. C'est un moment de déprime, mais peut-être un moment de déprime nécessaire.

G.D. — … Qui se produit quand vous ne jouez pas ?

M.B. — Non, plutôt quand je joue au contraire. Je détruis beaucoup, et il est difficile de se rendre compte que ce que l'on fait d'un rôle, ce que l'on en pense, se meurt. C'est à ce moment-là qu'il s'agit de renouveler le rôle. Cela peut causer certaines souffrances. En même temps, être comédien, ce n'est pas une profession enviable ni une partie de plaisir. C'est une vie de labeur, de malheur, de remise en question permanente, et donc d'humilité face aux épreuves que l'on traverse, face à la négation de soi-même.

G.D. — Cette idée de négation de l'acteur me fait encore une fois penser au *Paradoxe sur le comédien* de Diderot qui exprime très bien que l'acteur ne doit pas avoir de caractère pour être capable de les jouer tous.

M.B. — Oui l'acteur est malléable, il doit sacrifier sa vie à la connaissance du personnage. Il ne peut connaître le personnage que par l'auteur et accepter de faire le vide en lui. Très souvent, le dépassement des souffrances passe par un travail sur l'auteur, absolument nécessaire.

G.D. — Ces moments de déprime que vous m'évoquez reviennent souvent chez vous ?

M.B. — Oui, ils m'accompagnent. La négation de ce que je fais m'accompagne tout le temps.

G.D. — J'ai entendu la comédienne Anne Alvaro dire : « Le plus difficile n'est pas d'être acteur, mais de le rester. » Cette phrase résonne tout autant quand on pense aux traversées du désert qu'un acteur peut connaître, mais aussi aux difficultés d'approcher un rôle, aux humiliations que l'on connaît par rapport à soi-même…

M.B. — Je crois beaucoup, et de plus en plus avec le temps, au Cartel et à sa philosophie. Je crois vraiment que ceux qui appartenaient à ce mouvement (Jouvet, Dullin, Baty et Pitoëff) étaient des génies, des génies d'acteurs qui se sont transformés en metteurs en scène, mais qui sont restés profondément acteurs. Je crois beaucoup à la noblesse de leur aventure. Ils ont tout donné au théâtre. D'aucuns voulant suivre cette route se détruisent complètement, j'ai vu le cas malheureusement en observant le parcours de certains de mes élèves que je croyais promis à de belles carrières. D'autres se renouvellent parce qu'ils acceptent de se tromper, ils acceptent de recommencer, de détruire. Ils font de cette acceptation leur meilleur élément de progrès possible.

G.D. — S'agit-il aussi de refuser des rôles, des propositions ?

M.B. (*dubitatif*) — C'est moins bon, cela. Je crois qu'il faudrait tout accepter au contraire.

G.D. — Vous avez rarement refusé un rôle, un spectacle ?

M.B. — Très rarement. On me demande, je joue. Mais je dois dire, si je suis honnête, que j'ai eu la chance d'avoir de belles propositions. Enfin, quand même, je crois qu'il faut savoir accepter ce qui s'offre à nous quand on est acteur. N'importe quoi, tout ce qu'on vous propose. Quand on m'a proposé de jouer Jean Anouilh par exemple, je vous avoue que je n'étais pas très enthousiasmé au départ. Je ne mets pas Anouilh sur le même plan que Racine ou que Molière, bien entendu ! Anouilh est à un étage nettement plus bas, mais tout ce qui est fait a besoin d'exister, d'être réalisé. Tout ! Et puis, on peut avoir des surprises… Par exemple, je travaille en ce moment sur des poèmes de Léo Ferré. Eh bien, je m'aperçois que certains des textes sont à la hauteur de Rimbaud. Carrément ! Cela peut apparaître comme un scandale… Eh bien non. Si l'on travaille les poèmes de Ferré, on s'aperçoit que c'est aussi beau, aussi grand que Rimbaud. Et pourtant, ce n'est *a priori* que Ferré… mais en le travaillant, on se rend compte de la hauteur de l'œuvre.

G.D. — Comme quoi il ne faut pas avoir d'*a priori*, et toutes les rencontres sont…

M.B. — … Nécessaires ! Ce que l'on fait en ce moment, c'est nécessaire pour moi. Votre cas est important pour moi. Forcément. Comme le cas d'acteurs que j'avais comme élèves et que je retrouve. Leur émotion à me voir me procure à mon tour une émotion, qui me régénère.

L'acteur est une pâte à modeler et les rencontres le modifient, le grandissent. Et les rencontres avec les auteurs évidemment, à travers les textes que l'on lit et relit. On procède par intuitions, en se disant « Je veux comprendre, je veux comprendre et aimer cet être qui a écrit ces pièces, je veux que le personnage me parle, je veux que l'auteur me confie… »

G.D. — Le secret ?

M.B. — Oui, le secret de son œuvre.

G.D. — Pour en revenir à Léo Ferré, j'avais été marqué à l'écoute de ses derniers disques par son interprétation, son incarnation des mots. Il va très loin pour moi dans la dépossession de soi et dans l'imprécation.

M.B. — C'est un interprète prodigieux.

G.D. — Ferré m'a autant marqué, si ce n'est plus, que certains acteurs… Par son chant intérieur, sa diction, son lyrisme et sa manière de s'embraser tout en restant immobile quand on le voit dans les captations de ses concerts.

M.B. — C'est un très honnête homme et un très honnête artiste.

G.D. — Qui a grandi dans son chemin… Il faisait quand même de la variété au départ.

M.B. — Oui, je travaille en ce moment sur les poèmes, et c'est un bonheur inouï. J'ai lu aussi des textes de prose de Ferré… mais je les ai mal lus. Des lettres non postées. Je ne les avais pas assez travaillées. J'aurais dû prendre plus de temps. Les textes sont magnifiques et constituent un portrait de l'Angleterre fascinant. Mais il faut un travail de forcené pour parvenir à dire ces textes, ces poèmes. Arriver à ce chant-là, c'est difficile…

G.D. — J'ai eu une surprise de cet ordre en redécouvrant récemment l'œuvre de Marguerite Duras.

M.B. — Ah, Marguerite Duras, pour moi, c'est un esprit faux. J'ai tourné dans un film à partir d'une de ses nouvelles, *L'Après-midi de Monsieur Andesmas*. J'ai trouvé le résultat catastrophique. J'ai l'impression que c'était vide, truqué. J'ai éprouvé une sorte de faillite terrible.

G.D. — Cette faillite, vous l'avez souvent éprouvée ?

M.B. — À ce point-là, non.

G.D. — Être acteur, c'est accepter de jouer, même Duras, quand on vous le propose ?

M.B. — Oui, il faut s'y mettre. L'acteur est un serviteur. Je joue Duras, et peut-être que je trouverai le moyen de montrer à quel point elle est fausse et à quel point c'est une tragédie, à quel point elle y croit, et pourtant elle se trompe. Sur cette histoire de Monsieur Andesmas, j'ai senti un obstacle.

G.D. — Il y a peut-être aussi des rôles avec lesquels « ça ne prend pas » ?

M.B. — Bien sûr, il y a des gens qu'on ne comprend pas dans la vie. Eh bien, c'est pareil.

G.D. — Y a-t-il des auteurs sur lesquels vous avez changé d'opinion avec les années, que vous n'aimiez pas et dont vous avez appris à apprécier l'œuvre ?

M.B. — Il y a en tout cas beaucoup d'auteurs qui m'ont demandé de faire des choses pour eux, que j'ai faites, et que je ne regrette pas du tout. J'ai rencontré ces auteurs en les jouant, en leur donnant chair, pas de manière intellectuelle. Je trouve par ailleurs que le point de vue du littérateur sur l'homme de théâtre est souvent faux. Le texte n'a pas les mêmes obligations dans une pièce que dans un roman. Le dramaturge doit savoir écrire pour la scène, c'est-à-dire en représentant l'humanité et en n'oubliant pas l'oralité : les mots écrits sont destinés à être dits par des acteurs. Encore faut-il qu'ils soient bien dits et bien interprétés. Le dialogue des personnages n'est pas forcément représentatif de la vérité de l'auteur qui écrit l'œuvre. Souvent, l'auteur écrit une œuvre dans sa tête, qui n'est pas représentée par les mots de la pièce.

G.D. — C'est un peu le drame de certaines pièces contemporaines qui sont parfois très belles, très puissantes, mais il suffit d'une représentation ratée, d'une mise en scène ou d'une interprétation qui n'éclairent pas la situation, pour que la pièce soit « mise au cabinet ». On confond la pièce avec la mise en scène, avec le spectacle. Et comme il n'y a pas pléthore de mises en scène sur un même texte, l'auteur en pâtit forcément, parfois durablement.

M.B. — Chaque point de vue sur un texte, un auteur, peut en fait être considéré comme valable, mais il faut d'une part arriver à le défendre, et d'autre part parvenir à ce que tous les points de vue soient entendus.

G.D. — En Allemagne, j'ai pu constater qu'un même texte contemporain peut bénéficier d'un tas de mises en scène et d'interprétations différentes. On peut du coup se rendre véritablement compte de la qualité du texte et de l'auteur.

M.B. — Le plus difficile quand on monte une pièce, quand on joue un auteur, c'est d'habiller le texte d'une vérité qui nous est personnelle, mais qui tient compte de ce que le texte est. Cela dit, en étant fidèle à la lettre du texte, au point de vue de l'auteur, forcément, en tant qu'acteur, on est fidèle à soi-même.

24

L'ingénuité

G.D. — Il y a quelque chose d'un peu mystérieux chez vous, Michel, quand on vous voit jouer sur scène, avec les années qui passent. Vous paraissez toujours d'une énergie et d'une vitalité formidable. À plus de quatre-vingt-dix ans, vous remontez sur scène, vous tournez encore… J'ai vu tristement tant d'acteurs âgés perdre leurs moyens, être en dessous de ce qu'ils étaient… Vous, non. Quel est le secret de cette longévité ?

M.B. — C'est mon ingénuité. Je suis resté l'enfant que j'étais. Ma réflexion m'amène à demeurer ingénu, fidèle en cela à mon enfance, à mon adolescence en pension, où j'étais puni sans arrêt. J'étais au piquet du matin au soir. Et pourtant, j'étais un élève très discipliné, très doux…

G.D. — Pourquoi au piquet alors ?

M.B. — J'ai l'impression que cette douceur gênait mes professeurs. Et je n'apprenais rien. Mains derrière le dos, tête baissée, pendant sept ans ! Mais je rêvais et je me racontais des histoires.

G.D. — Vous êtes toujours ce garçon au piquet qui part dans son imagination ?

M.B. — Oui. Cet attachement à l'enfance a, je crois, une énorme importance. C'est-à-dire que les sept années que j'ai passées en pension, au piquet sans arrêt, m'ont isolé et m'ont fait, paradoxalement, du bien. Je voyais tous mes camarades se bagarrer, et moi, je restais sous le préau, au piquet. Finalement, au bout de deux, trois ans de cette vie-là, je me suis dit : « C'est moi qui suis à la bonne place. Je ne me mêle pas à toute cette agitation, toute cette bêtise », que j'observais de loin, protégé en quelque sorte par ma position, au piquet.

G.D. — Voulez-vous dire que cette solitude a été bénéfique, comme l'attente et les rencontres que vous m'évoquiez ?

M.B. — Extrêmement bénéfique. Cela m'a permis de partir dans un voyage intérieur, en accord avec moi-même…

G.D. — Mais vous deviez vous ennuyer parfois ?

M.B. — Pas du tout. Je m'inventais une histoire le matin, et je la poursuivais dans ma tête jusqu'au soir. Et puis le lendemain, j'en imaginais une autre. C'est peut-être ça qui a fait que quand on me donne un rôle, je ne sais pas si je vais y parvenir, mais je vis avec cette histoire. Ce travail infuse en moi. Et je prends le visage du rôle sans m'en apercevoir, je gagne la présence qui fait que les gens y croient. Et sans réflexion aucune. C'est cela qui est étrange.

G.D. — Ces sept années de pension ont peut-être constitué les fondations de votre vocation, de votre désir d'acteur ?

M.B. — Certainement. Ils ont cru m'humilier, et ils m'ont fait.

G.D. — Nous vivons dans une époque où tout va très vite, où un clou chasse l'autre avec une rapidité incroyable. La cacophonie semble régner en permanence. Or j'ai l'impression que dans nos métiers, il est important de savoir prendre du recul et d'être un peu à l'écart de tout le bruit du monde, de savoir s'y soustraire. Ce que vous me racontez de vos sept années en pension qui ont forgé votre caractère semble intimement lié au silence et à la solitude. Quelle a été l'importance dans votre travail de ces deux éléments ?

M.B. — Le silence et la solitude sont deux composantes essentielles de notre métier. Pour faire ce métier, il faut savoir cultiver sa solitude et ne pas craindre d'être orgueilleux. L'orgueil – que l'on ne doit pas confondre avec la vanité – ne fait pas partie des qualités habituellement citées. Et pourtant, c'est une qualité. Quand on est seul, il n'y a plus que l'orgueil sur lequel on peut compter… Ce qui est loin d'être facile, j'en conviens. Mais cela favorise une indépendance de pensée. Cela aide pour partir à la rencontre des auteurs. Comme vous le savez, je vis davantage avec mes auteurs qu'avec mes contemporains…

G.D. — Je vous vois quand même observer constamment ce qui se passe autour de vous, vous tenir au courant de l'actualité. Vous êtes resté un grand curieux. Par ailleurs, je sais que vous avez fait deux mises en scène dont vous n'étiez pas satisfait (*Chatterton* d'Alfred de Vigny et *La Maison des cœurs brisés* de George Bernard Shaw) ? Vous n'avez jamais été tenté de recommencer ?

M.B. — Non. Quand j'ai mis en scène ces pièces, ce n'était pas convaincant. Pour moi, la mise en scène n'a rien à voir avec le travail de l'acteur, qui est tout à fait particulier. Il faut être vraiment acteur.

G.D. — Qu'en est-il des membres Cartel que vous m'évoquiez et qui étaient pour la plupart acteurs et metteurs en scène ?

M.B. — Oui, là… Dullin, Jouvet, Pitoëff, Baty… ce sont des surhommes ! Avec des personnalités très diverses.

Je suis plutôt du côté de Dullin. Et vous, Gabriel, vous êtes plutôt, me semble-t-il, du côté de Jouvet. Ce sont deux trajets un peu différents, mais qui se rejoignent dans la façon de servir ce métier. Et pourtant ils s'entendaient merveilleusement, ces deux-là, comme larrons en foire. Tout en ayant une foi absolue dans le théâtre. Il y a une anecdote sur Dullin que l'on m'a racontée et qui est révélatrice : un jour, le rideau de fer ne s'est pas levé pour un de ses spectacles. M. Dullin apprend cela : « Comment, le rideau ne se lève plus ? » Et il va avec sa canne pour essayer de lever le rideau. Un pur geste d'enfant ! Il voulait que le théâtre ait lieu, envers et contre tout !

G.D. — Dullin dans *Quai des Orfèvres* est absolument fascinant, maléfique de bout en bout.

M.B. — On ne se souvient que de cela. Et de Jouvet évidemment ! Dans un de ses plus beaux rôles.

G.D. — Dullin fait un numéro de vieux vicieux libidineux… Et le regard qu'il jette sur les jeunes filles est terrible, j'en ai été frappé en revoyant le film. Il y a un plan rapproché sur son visage qui m'a vraiment impressionné.

M.B. — Et il faut bien se dire que lui n'y est pour rien, il a dû s'ennuyer sur le tournage… C'est son seul talent qui est en cause, ce qui est vraiment extraordinaire. Il sait qu'il n'a pas besoin de s'en occuper. Ça, c'est le grand talent. Dullin transcendait tous les rôles qu'il jouait. Il devenait la peur, la cruauté, la perversité… Sans volontarisme, sans caricature aucune.

G.D. — Quand vous me parlez de Dullin, j'ai l'impression en vous écoutant qu'il arrivait à jouer les caractères de façon unique. C'était la force de cet acteur ?

M.B. — Oh oui. Il jouait comme un paysan. Comme s'il cultivait un champ. Il y allait avec la charrue et sillonnait la terre du caractère qu'il interprétait, que ce soit Thénardier, Mercadet, Volpone ou Harpagon. J'ai essayé de suivre son chemin, mais autrement. J'ai beaucoup pensé à lui par exemple quand j'ai joué l'inspecteur Javert, face à Lino Ventura dans le rôle de Jean Valjean dans l'adaptation des *Misérables* réalisée par Robert Hossein. Le film est lent à démarrer, mais toute la seconde partie – quand on en arrive à la Commune – est remarquable.

G.D. — Votre confrontation avec Lino Ventura est étonnante, mais surtout, vous faites un Javert glaçant et glacé de l'intérieur. Il y a quelque chose de poignant à vous voir évoluer dans cette solitude du personnage.

M.B. — C'est en effet la solitude d'un homme qui se trompe de vocation et ne cesse, par la suite, de se tromper, de s'aveugler, il s'enferme dans une raideur… Comme un peu mon personnage de directeur et de père absent dans *Le Jouet* de Francis Veber. Pour le rôle de Javert, j'avais dit à Robert Hossein : « Je ne suis pas le personnage. Tu te trompes. C'est Charles Vanel, le personnage, c'est la peau de Vanel. » Il m'a dit : « Je ne veux pas entendre parler de ça, je te veux toi, et c'est tout. » Et en effet, il avait raison. Mais je n'arrivais pas à y croire. Comme quoi l'acteur n'est pas le meilleur juge de ce qu'il fait… Il faut qu'il sache être disponible et de bonne volonté face à tout ce qui se présente à lui.

G.D. — L'acteur ignore des choses sur lui-même ?

M.B. — Oui, et ce sont les plus belles choses, sûrement ! C'est pour cela qu'il ne faut pas refuser les rôles, les propositions. Il faut s'y mettre et se dire « Il y a des choses qui m'échappent qui sont bonnes et que je ne vois même pas. Alors il ne faut pas que je veuille tout contrôler ». Il y a une part de hasard inhérente à ce métier de comédien… Une part de solitude aussi. Vous êtes seul et vous serez toujours seul, avec les grands poètes et avec ceux qui comptent pour vous, qui ont besoin de vous. Cela dit, même les êtres les plus chers ne vous sortent pas de votre solitude. Pour le monde contemporain qui est d'une telle bêtise, d'une telle violence, d'une telle désespérance, vous êtes seul. D'époque en époque, ces situations se reproduisent. Vous êtes seul, et il faut faire de cette solitude une arme.

G.D. — C'est ce qui est difficile…

M.B. — Non, c'est un coup à prendre. Rien n'est véritablement difficile, je crois. C'est comme la compréhension. Évidemment que l'on comprend mal les textes, mais on peut aussi les comprendre facilement bien, et très bien. Après il faut travailler et savoir comment travailler. Comme M. Jouvet et M. Dullin me l'ont appris.

G.D. — Ce qui est étrange, c'est que dans le sillage de Javert, vous avez interprété nombre de personnages autoritaires (de Léopold Mozart à François Mitterrand, de Robespierre à Furtwängler), pétris de discipline et de rigueur. On vous imagine parfaitement vous-même dans cette discipline. Alors que vous avez pu aussi interpréter, mais plus rarement, des rôles et des partitions beaucoup plus fantaisistes (par exemple dans *Le Neveu de Rameau*), et que vous êtes dans la vie un être chaleureux, fantasque et même rieur. Pourquoi donc, à votre avis, a-t-on projeté sur vous cette autorité ?

M.B. — Je ne sais pas. J'ai vu tout récemment des extraits de ma filmographie et je me suis surpris à me dire : « C'est drôlement bien, c'est très bien… Mais je ne reconnais pas celui que je vois à l'écran. Qui est cet acteur ? » Comme si je ne l'avais pas fait, comme s'il s'agissait d'un autre. Comme quoi, tout s'est passé malgré moi.

Mais jouer, c'est précisément cela, c'est constamment s'habituer à disparaître, à être quelqu'un d'autre que soi, à servir des pensées que l'on n'a pas, que l'on n'aura jamais, mais à les servir comme si elles étaient à soi. On passe son temps à servir, à se déprendre de soi. Dans cet art qui n'en est pas un, il y a quand même une forme d'art qui est l'obéissance. L'obéissance aux auteurs, aux textes que l'on sert, mais aussi à ce que l'on sent obscurément. Évidemment, la volonté, la bonne volonté est essentielle. Et puis le travail aussi, dans une complète solitude, dans le désir d'y arriver, même si l'on n'y arrive pas. Si je n'y arrive pas, cela ne me dérange pas du tout. Mais je *veux* y arriver, c'est cette volonté agissante qui importe le plus. Et puis aussi un grand attachement à l'enfance, comme vous me l'avez fait souligner. Il s'agit de rester fidèle à l'enfant que l'on était et de se faire confiance, quel que soit le chemin que l'on prend. Comme un chevalier. Un chevalier armé – de sa confiance, de sa fidélité à l'enfance et à ses valeurs.

Après, toute la question, c'est : qu'est-ce que peut faire un chevalier dans notre temps ? Comment se comporter, comment se protéger pour exister dans une époque d'une médiocrité comme celle que nous vivons ? C'est là où la réflexion est fondamentale et vous appartient, à vous et à tous les jeunes acteurs d'aujourd'hui et de demain. C'est là où il faut faire confiance au destin, et se faire confiance. En des temps sombres et troublés, c'est très important. À vous d'aller au feu en ne croyant personne sauf vous-même, en vous disant « Il arrivera ce qui arrivera », mais sans certitude aucune, avec la foi dans les dieux du théâtre, qui vont vous aider et vous protéger.

Ce serait peut-être ça, la vocation.

Remerciements

Je tiens à remercier ici Michel Bouquet pour sa gentillesse et sa générosité constantes à mon égard lors de tous nos entretiens. Je remercie également Michel Archimbaud, qui m'a permis de rencontrer Michel Bouquet quand j'étais jeune. C'est aussi lui qui a eu l'idée de ce livre, me permettant ainsi de donner un sens émouvant à la transmission qui s'est opérée entre les deux Michel et moi. Je remercie Alexandre Steiger pour son regard bienveillant et vif, Pauline Masson pour son soutien sans failles et ses relectures incessantes, lors de la composition de ce livre. J'ai une pensée enfin pour Maurice Dufay et Pierre Lionnet qui m'ont appris le sens du mot « éthique » et m'ont fait marcher, chacun à sa manière, sur les traces de Michel Bouquet.

Gabriel Dufay

Michel Archimbaud tient à remercier Juliette Carré pour sa disponibilité et sa bienveillance.

Table des matières

Ce volume a été mis en pages par
Pixellence
59100 Roubaix

Ce volume,
publié aux Éditions Klincksieck
a été achevé d'imprimer
en février 2017
sur les presses de l'imprimerie La Source d'or
63039 Clermont-Ferrand

N° d'éditeur : 00255
N° d'imprimeur : 19395
Dépôt légal : mars 2017
Imprimé en France